"十二五"辽宁省重点图书出版规划项目

三友会计论丛 SUNYO ACADEMIC SERIES IN ACCOUNTING

第14辑

中国上市公司终极控制人与债务期限结构关系研究

毛淑珍◉著

RESEARCH ON THE RELATIONSHIP BETWEEN ULTIMATE CONTROLLING SHAREHOLDER AND DEBT MATURITY STRUCTURE IN CHINESE LISTED COMPANY

东北财经大学出版社
Dongbei University of Finance & Economics Press
大连

图书在版编目（CIP）数据

中国上市公司终极控制人与债务期限结构关系研究 / 毛淑珍著. —大连：东北财经大学出版社，2013. 11
（三友会计论丛·第 14 辑）
ISBN 978-7-5654-1351-3

Ⅰ. 中…　Ⅱ. 毛…　Ⅲ. 上市公司-股东-关系-债务-研究-中国　Ⅳ. F279. 246

中国版本图书馆 CIP 数据核字（2013）第 243172 号

东北财经大学出版社出版
（大连市黑石礁尖山街 217 号　邮政编码　116025）
教学支持：（0411）84710309
营 销 部：（0411）84710711
总 编 室：（0411）84710523
网　　址：http：//www. dufep. cn
读者信箱：dufep @ dufe. edu. cn

大连图腾彩色印刷有限公司印刷　　东北财经大学出版社发行

幅面尺寸：148mm×210mm　　字数：172 千字　　印张：6 3/4
2013 年 11 月第 1 版　　2013 年 11 月第 1 次印刷

责任编辑：高　鹏　孙晓梅　魏　巍　　责任校对：毛　杰
封面设计：冀贵收　　版式设计：钟福建

ISBN 978-7-5654-1351-3
定价：26. 00 元

作者简介

毛淑珍，女，1976 年生，山东潍坊人，2008 年南开大学会计学博士研究生毕业，现在青岛理工大学从事财务会计的教学与研究工作，主要研究方向为财务会计理论与方法、资本市场财务与会计问题研究；曾在《当代财经》《证券市场导报》等 CSSCI 核心刊物发表论文二十余篇，主持或参与山东省课题三项；主要担任“会计学”“财务会计”“高级财务会计”“政府与非营利组织会计”以及“实证会计理论与会计研究方法”等课程的教学工作。

作者简介

[illegible]

出版者的话

随着我国以社会主义市场经济体制为取向的会计改革与发展的不断深入，会计基础理论研究的薄弱和滞后已经产生了越来越明显的“瓶颈”效应。这对于广大会计研究人员而言，既是严峻的挑战，又是难得的机遇。说它是“挑战”，主要是强调相关理论研究的紧迫性和艰巨性，因为许多实践问题急需相应的理论指导，而这些实践和理论在我国又都是新生的，没有现成的经验和理论可资借鉴；说它是“机遇”，主要是强调在经济体制转轨的特定时期，往往最有可能出现“百花齐放，百家争鸣”的昌明景象，步入“名家辈出，名作纷呈”的理论研究繁荣期和活跃期。

迎接“挑战”，抓住“机遇”，是每一个中国会计改革与发展的参与者和支持者义不容辞的责任。为此，我们与中国会计学会财务成本分会、东北财经大学会计学院联合创办了一个非营利的学术研究机构——三友会计研究所，力求实现学术团体、教学单位、出版机构三方的优势互补，密切联系老、中、青三代会计工作者，发挥理论界、实务界、教育界三方面的积极性，致力于会计、财务、审计三个领域的科学研究和专业服务，以期为我国的会计改革与发展作出应有的贡献。

三友会计研究所的重大行动之一就是设立了“三友会计著作基金”，用于资助出版“三友会计论丛”。它旨在荟萃名人力作及新人佳作，传播会计、财务、审计研究与实践的最新成果与动态。自 1997 年起，本论丛定期遴选并分辑推出。

采取这种多方联合、协同运作的方法，如此大规模地遴选、出版会计著作，在国内尚属首次，其艰难程度不言而喻。为此，我们殷切地希望广大会计界同仁给予热情支持和扶助，无论作为作者、读者，还是作为评论者、建议者，您的付出都将激励我们把“三友会计论丛”的出版工作坚持下去，越做越好！

东北财经大学出版社

三友会计论丛编审委员会

前言

债务融资是公司重要的财务决策行为，公司债务期限结构是债务契约的重要内容，它规定着债权人和债务人的权利和义务。由于不同期限的债务融资具有不同的治理效应，因此确定合理的债务期限结构能够降低债务融资成本，激励管理者努力经营，提高公司价值，这使得研究公司债务期限结构的影响因素成为必要。在对现代公司所具有的多层级控股结构进行研究的过程中我们发现，终极控制人的性质与其经济动机是影响债务期限结构的重要因素：其一，终极控制人的经济行动嵌入社会的制度结构中，其财务行为受制于客观制度环境，如各种经济的与非经济的制度；其二，终极控制人作为理性经济主体，有最大化自身效益的经济动机，这必然会影响公司的债务融资行为；其三，终极控制人尝试进行的有目的的行动是嵌入在具体的、正在进行的社会关系中的，因此必须在人的理性选择中加进非经济动机和非经济因素（尤其是社会结构因素）对人的行动的影响，同样，终极控制人的经济动机与债务期限的关系受制于客观制度环境因素。而当前对债务期限结构的研究，多数没有考虑终极控制人的影响作用，本书结合中国转轨经济的制度背景，运用相关的理论分析工具，对上市公司终极控制人的性质及其经济动机与债务期限结构的关系进行理论分析和实证检验。

根据上述研究思路，本书共分 7 章对终极控制人与上市公司债务期限的关系进行研究。首先，在第 1 章的导论中，提出了所要研究的问题及研究意义、研究内容与方法，并对本书所涉及的关键概念进行了界定；其次，在第 2、3 章中，对涉及终极控制人与债务期限结构的代表性研究文献和相关制度背景进行了回顾和分析；再次，在第 4 章中对已有的债务期限结构理论进行回顾和评述的基础上，结合中国的制度背景提出了本研究的理论分析框架，据此进行理论分析，提出本书的研究假设；然后，在第 5、6 章中，对第 4

章所提出的研究假设进行实证检验和分析；最后，在第7章中，总结了本书的主要研究成果，探讨了与债务融资及终极控制人有关的几个问题，并提出了本书的不足和未来进一步研究的方向。

通过以上研究和分析，本书得出如下主要结论：

第一，相对于民营企业主所控制的上市公司来说，国有性质的终极控制人或级别较低的政府控制人所控股的上市公司更容易获得长期债务融资。

第二，终极控制人效率促进的动机越强，上市公司长期负债比率越高；相反，终极控制人追求私人收益的动机越强，上市公司短期负债比率越高。

第三，受终极控制人性质的影响，当终极控制人为国有企业或行政级别较低的地方政府时，终极控制人的私人收益动机与债务期限结构之间呈正相关关系。

本书的创新之处主要体现在如下几个方面：

第一，提出了从终极控制人的角度探讨公司债务期限结构选择的理论框架。现有的债务期限结构理论不能有效地解释中国上市公司终极控制人与债务期限结构的关系。因此，本书根据经济行为嵌入社会关系的程度，从终极控制人的性质与经济动机两个角度出发，提出了一个解释终极控制人与债务期限结构关系的理论分析框架。该理论分析框架主要由新制度经济学中的产权理论、寻租理论和代理理论及新经济社会学中的嵌入性理论组成。在这个解释框架的基础上，对终极控制人的性质及经济动机与债务期限结构的关系，以及终极控制人性质对其私人收益动机与债务期限结构间关系的影响进行了分析，并据以提出了相应的研究假设。

第二，揭示了政治关系对终极控制人与债务期限结构关系的反转效应。众多的研究表明，嵌入经济活动中的非正式制度对经济行为的结构、过程和结果具有关联效应。本书的实证结果显示，相对于中央政府控股的上市公司来说，地方政府控股的上市公司长期负债比率更高。这与我们从实务中了解到的，政府终极控制人的行政级别越高，越容易获得长期贷款的看法是相逆的。而地方政府与其控股的公司之间更加密切的利益连带关系是促成这一反转结果发生的主要原因。另外，对终极控制人私人收益动机与上市公司债务期限结构关系进行实证检验的结果显示，受终极控制人性质的影响，当终极控制人为国有企业或行政级别较低的地方政府时，终极控制人的私人收益动机与债务期限结构之间不再呈显著的负相关关系，而是呈显著的正相关关系。这一反转效应的发生主要是因为债权人对不同政治关系企业的声誉和信任的评估改变了其对长期债务的风险预期。

第三，证实了终极控制人的不同经济动机对债务期限选择的显著差异。终极控制人在公司的债务融资活动中具有多种不同的利益需求，并形成了不同的经济动机。其中，私人收益动机和效率促进动机是终极控制人的两大基本动机，由此导致了公司不同的融资行为和融资结构。本书的实证研究结果显示，当终极控制人以提高公司效率、最大化公司价值为目标时，公司长期负债比率较高；相反，当终极控制人追求私人收益最大化时，公司短期负债比率较高。

本书的实证研究结果为政府控制和干预对公司财务决策产生一定的影响提供了更为深入的证据，也为中国转轨经济进程中的政企关系调整提供了施政依据。就理论价值而言，本书拓展了当前对债务期限结构影响因素的研究，为理解不同产权性质的上市公司债务期限结构的差异性提供了一个新的视角。

作 者

2013 年 8 月

目录

1 导 论

债务融资是公司重要的财务决策行为，公司债务期限结构是债务契约的重要内容，它制约着债权人和债务人的权利和义务。由于不同期限的债务融资具有不同的治理效应，因此债务期限结构不仅仅是一个债务“内部”问题，它将通过作用于债权代理成本对公司资本结构以及公司经营效率产生影响，所以确定合理的债务期限结构能够降低债务融资成本，激励管理者努力经营，提高公司价值，这正是研究债务期限结构问题的意义所在。公司对债务期限结构进行管理的前提是了解有关债务期限结构的影响因素，当前有关公司债务期限结构的研究文献主要探讨公司特征、制度环境及公司内部治理结构因素与债务期限结构的关系。在对现代公司所具有的多层级控股结构进行研究的过程中我们发现，除上述因素外，终极控制人对公司债务期限结构的选择有重要影响。首先，终极控制人的经济行为嵌入于社会的制度（包括经济制度与非经济制度）结构中；同样，公司财务行为的发生是各种经济制度和非经济制度、正式制度和非正式制度共同作用的结果，且这种力量只属于社会，不属于个人。其次，终极控制人作为理性经济主体，有最大化自身效益的经济动机，这将影响债权人对公司风险的判断，最终影响公司的债务融资结构。最后，根据经济社会学的嵌入性假设，终极控制人既不是外在于社会环境像原子化个人那样进行决策和行动，也不是固执地坚守其已有的社会规则与信条开展活动；相反，他们尝试进行的有目的的行动是嵌入在具体的、正在进行的社会关系体系中的。因此，必须在人的理性选择中加进非经济动机和非经济因素，尤其是社会结构因素对人的行为的影响。所以，探讨终极控制人对公司债务期限选择的影响具有现实意义和理论价值。本书结合中国转轨经济阶段特殊的制度背景，运用相关的理论分析工具，对终极控制人的性质及其经济动机与上市公司债务期限结构的关系进行理论分析和实证检验。

本章的内容安排如下：第1节，基于中国制度背景和已有研究文献的不足，提出本书所要研究的问题，以及研究的理论价值和现实意义；第2节，介绍主要研究内容、研究框架及研究方法；第3节，对本书涉及的主要概念进行界定和分析；第4节，介绍本书的创新之处。

1.1 问题的提出与研究意义

1.1.1 研究背景与问题的提出

债务融资是公司财务决策的一项重要内容，确定合理的债务融资比率有利于确定公司合理的资本结构、降低公司的资本成本、提高公司价值，因此很多研究致力于寻求公司的最优资本结构（MM，1958；Miller，1977；Jensen and Meckling，1976；Ross，1977；Myers，1984；Grossman and Hart，1982；Stulz，1990；Aghion and Bolton，1992 等）。这些研究存在的一个共同特点是视公司债务具有同质性。事实上，不同期限的债务具有不同的治理效应，确定合理的债务期限结构能够在更深层次上优化公司的资本结构，缓解公司内部管理者与外部投资者之间的利益冲突，如增加短期负债可以降低公司的资产替代行为（Jensen and Meckling，1976），减少过度投资行为（Jensen，1986），以及在一定程度上解决投资不足的问题（Myers，1977）等。正因为如此，债务期限结构的选择引起了公司管理者及学术研究者的重视，成为财务领域的重要研究课题。

公司对债务期限进行管理的前提是要了解有关债务期限结构的

影响因素。目前，对公司债务期限结构影响因素的研究主要从以下三个角度展开：传统的研究主要关注公司特征与债务期限结构的关系，如公司的财务特征、所处行业、公司规模、经营质量等与债务期限结构的关系，强调公司应选择与发展战略一致或保证自身价值最大化的债务契约（Jensen and Meckling，1976、1986；Myers，1977；Smith，1986；Flannery，1986；Kale and Noe，1990；Diamond，1991、1993；Brick and Ravid，1985、1991；Morris，1976；Barclay and Smith，1995；肖作平，2005；袁卫秋，2005等）。最近的一些研究开始关注制度环境因素，如政府质量、税收、法律等对公司债务期限的影响（Rajan and Zingales，1995；Demirguk-Kunt and Maksimovic，1999；Booth et al.，2001；Giannetti，2003；Fan，Titman and Twite，2007；Cull and Xu，2003，2005；Faccio，2006；齐寅峰等，2005；孙铮等，2005；江伟、李斌，2006；黎凯、叶建芳，2007 等），认为公司的债务期限结构是行为主体考虑客观制度环境约束条件下使价值趋于最大化的契约安排。还有一些研究主要探讨公司管理者或股权结构等公司内部治理因素与债务期限结构选择的关系（Datta，Iskandar-Datta and Raman，2005；肖作平、廖理，2007 等），认为合理的债务期限结构安排有利于缓和股东与管理者或债权人之间的利益冲突，降低代理成本。

从这三个角度进行的研究逐步拓展了学者们对债务期限结构影响因素的探讨。从公司特征角度对债务期限进行研究的文献表明，不同国家中或同一国家的不同地区，相同的公司特征因素对公司债务期限结构的影响存在差异，这说明除公司特征因素外，还存在其他影响债务期限结构的因素。而后来的研究表明，这些影响因素包括制度环境因素及公司内部治理因素，因此从公司治理及制度环境角度展开的实证研究进一步拓展了对公司债务期限结构影响因素的研究。另外，从公司特征角度对债务期限进行研究的文献存在一个共同的假定：股东具有同质性或股东与管理者之间具有完全一致的利益。实质上，具有不同所有权结构的公司，股东之间及股东与管理者之间对公司的剩余索取权并不相同，从而导致了控股股东与中小股东之间及股东与公司管理者之间的利益冲突，而公司选择不同期限的债务可以在一定程度上缓和这种利益冲突，降低代理成本，因此还应该放松这个前提条件进行更深入的研究。从公司内部治理角度对债务期限结构进行的研究在一定程度上弥补了这个不足。

但是，当前从公司治理的角度对债务期限结构进行研究的文献很少，且主要关注管理者持股或股权结构与债务期限结构的关系（Datta，Iskandar-Datta and Raman，2005；肖作平、廖理，2007）。事实上，在存在多层级控股结构方式的上市公司中，公司的实际控制人往往是终极控制人，而不是控股股东或公司经营管理者，终极控制人对公司债务期限的选择有重要影响。这主要体现在：

其一，不同性质的终极控制人受客观制度环境的约束程度不同，使其对上市公司债务期限结构的影响也存在客观差异性。原因在于，终极控制人无论是自然人还是法人实体，都是民事行为的主体，其经济行动是嵌入于社会的制度结构中的，包括经济的制度与非经济的制度。正如涂尔干（2006）认为的那样："凡是契约存在的地方，都必须服从一种支配力量，这种力量只属于社会，绝不属于个人。"同样，公司财务行为的发生是各种经济制度和非经济制度、正式制度和非正式制度共同作用的结果。

其二，终极控制人作为理性经济主体，有最大化自身效益的经济动机，其行为动机和利益取向将对公司债务融资决策产生影响；同时，终极控制人的行为动机和利益取向将影响债权人对公司风险程度的判断，并最终导致上市公司的债务期限结构存在差异性。

其三，根据新经济社会学的嵌入性假设，终极控制人既不是外在于社会环境像原子化个人那样进行决策和行动，也不是固执地坚守其已有的社会规则与信条开展活动；相反，他们尝试进行的有目的的行动是嵌入在具体的、正在进行的社会关系中的。因此，必须在人的理性选择中加进非经济动机和非经济因素，尤其是社会结构因素对人的行为的影响，即考虑客观制度环境因素对终极控制人经济动机与债务期限结构之间关系的影响。

因此，从终极控制人的角度探讨上市公司终极控制人的性质及其经济动机对债务期限结构的影响具有重要意义，本书试图对此问题进行研究。具体来说，本书试图解决如下几个问题：第一，终极控制人的客体特征（性质）如何影响公司的债务期限结构？即在中国现有的制度背景下，不同产权性质及不同行政级别的终极控制人所控制的上市公司债务期限结构的差异性问题。第二，终极控制人的经济动机与债务期限结构之间存在什么关系？即基于最大化自身效益考虑的终极控制人如何影响公司的债务期限选择的问题。第三，终极控制人的经济动机与债务期限结构的关系是否受客体特征的影响？在中国政府对资源的配置居于垄断性地位的制度背景下，公司的行为往往嵌入于具体的社会制度结构中，是适应国家制度环境和制度安排的结果，因此公司行为主体的经济动机会受到制约，本书也试图对此问题进行检验。

本书从终极控制人的角度研究中国上市公司债务期限结构的问题还基于以下两个方面的考虑：一方面，当前对终极控制人的研究侧重于终极控制人与公司价值关系的研究，我们认为终极控制人影响公司绩效需要“中间桥梁”来实现，即终极控制人首先影响公司的决策，继而通过这些决策来影响公司的投融资行为并最终对公司价值产生影响。由于债务融资决策是公司财务决策的一项重要内容，对公司利益相关者利益的协调、公司风险控制、公司投资等至关重要，因此选择债务期限结构这一“中间桥梁”来进行研究。另一方面，目前对终极控制人与上市公司债务期限结构的关系直接进行研究的文献非常有限，仅提供了一些间接证据，如黎凯、叶建芳（2007）主要研究不同政府层级对企业债务融资干预程度的差别；而江伟、李斌（2006）主要研究银行对企业的差别贷款行为。

另外，中国转轨经济时期国家的产权安排导致中国企业融资的制度背景与国外其他国家特别是发达国家存在很大的差异，并由此引发了企业不同的融资行为，这为我们从终极控制人的角度来研究上市公司债务期限结构问题提供了很好的机会，这主要体现在：

第一，中国特殊的股权设置背景，即股权不能转让，导致上市公司股权相对集中，而且控股股东通过组建多层级的控股结构方式来控制上市公司的现象普遍存在（刘芍佳等，2003；赖建清、吴世农，2004；叶勇、胡培和何伟，2005；邓淑芳，2006 等），如本研究对 2004—2006 年 1 792 个研究样本进行统计分析的结果显示，截至 2006 年，90.1% 的样本公司控制层级在两层以上，其中由国有性质的终极控制人控制的上市公司所占的比例为 84.6%，由各级政府机构控制的上市公司占 71.7%。

第二，在对债权人的法律保护较弱且利率受到管制的背景下，债权人参与公司治理的动力不足，能够得到银行贷款[①]的企业往往是有足够抵押、担保或者是有“关系”的企业，非正式制度对债务契约的履行具有重要的影响。

第三，企业与银行产权公有的背景，不可避免地会导致政府的干预行为，当政府更加关注政治目标而不是经济目标时，往往更倾向于将资源转移到政府的支持者手中，或者说只有有政治关系的企业才能获得更多的债务融资，尤其是长期债务融资。

① 由于当前我国企业的债务主要来自银行贷款，因此本书的债权人主要是指银行。

1.1.2 研究意义

通过 LLS（1999）的研究，人们认识到多层级控股结构方式在世界各国普遍存在，如 Claessens et al.（2000）对 9 个亚洲国家与地区的研究，Faccio and Lang（2002）对西欧 13 个国家进行的研究等均得出了类似的结论。于是，越来越多的学者及企业管理人员开始关注终极控制人利用多层级控股方式控制下属公司的现象，并积累了大量的研究文献。其中，大多数的研究文献主要关注多层级控股结构下终极控股股东与中小股东的代理问题及由其所导致的经济后果，较少有文献涉及终极控制人的经济动机及其对企业融资行为的影响，很少有文献来探讨终极控制人与企业债务融资结构的关系，目前所见的有 Du and Dai（2005）对终极控制人可能的机会主义行为的分析及其与资本结构的关系，更少有文献直接对终极控制人与债务期限结构的关系进行研究。事实上，如上所述，相对于债务融资来说，合理的债务期限结构能够在更详细的方面缓解现代公司中由两权分离所导致的企业内部管理者与外部投资者之间的代理问题，也正因为如此，债务期限结构的选择引起了企业管理者及学术研究者的重视，成为财务领域的重要研究课题。因此，本书基于中国融资制度背景对终极控制人与上市公司债务期限结构的关系进行研究，对于推动中国上市公司融资行为的规范化进程、优化中国上市公司融资结构和促进中国对债务期限结构问题的进一步探讨具有重要的理论意义和现实价值。

从理论意义上讲，本书从终极控制人的角度来探讨中国上市公司债务期限结构选择的问题，拓展了当前对债务期限结构影响因素的研究，有利于加深和丰富公司融资理论，指导公司选择合适的债务融资结构，提高公司价值；另外，本书结合我国转轨经济时期上市公司的融资背景和债务期限结构理论，实证分析终极控制人性质及其经济动机与企业债务期限结构的关系，其研究结论为政府部门相关政策、上市公司财务政策的制定以及公司债务期限的管理等提供了理论依据，也对理解不同产权性质的公司债务期限结构的差异性提供了一个新的视角。

从现实意义上讲，本书通过理论分析，建立研究假设，采用中国上市公司的相关数据，构建相关的实证检验模型，对终极控制人与债务期限结构选择的关系进行研究。实证研究结果的新发现，为政府控制和干预对企业财务决策的影响提供了更深入的经验证据，为中国转轨经济进程中的政企关系调整提供了施政依据，为政府处理与企业的关系和角色定位提供了事实和依据，也为上市公司财务政策的制定者及监管者的监督管理、债权人和中小股东的投资决策等提供了事实依据。

1.2 研究内容、框架与方法

1.2.1 研究内容与框架

本书首先在对涉及债务期限结构及终极控制人的代表性研究文献进行回顾的基础上，提出了现有债务期限结构研究中存在的不足；其次，在对已有的债务期限结构理论进行回顾和评述的基础上，结合中国的制度背景提出了本书的理论分析框架，并据此进行理论分析，提出本书的研究假设；再次，对上市公司终极控制人的性质及其经济动机与债务期限结构的关系进行实证检验与分析；最后，对本书的实证检验结果进行归纳和总结，据此对与债务融资及终极控制人有关的几个重要问题进行探讨，并提出本书的不足及未来进一步研究的方向。

具体而言，本书的主要研究内容如下：

第 1 章，导论。本章主要包括研究问题的提出、研究意义、研究内容与方法、对关键概念的界定以及创新之处。

第 2 章，文献综述。本章系统地回顾了债务期限结构影响因素的代表性实证研究文献，并对有关终极控制人的研究文献进行了介绍，最后根据中国的制度背景及多层级控股结构普遍存在的现实，基于现有债务期限结构研究文献的不足提出了本书的研究方向。

第 3 章，制度背景分析。本章主要介绍与本研究主题相关的制度背景，包括国有企业改革及其对信贷行为的影响、与债务融资有关的市场环境和法律制度、多层级控股方式的产生及中国股权结构设置与管理等方面的内容，最后结合上述制度背景，对中国上市公司债务期限结构的特征进行统计分析。

第 4 章，理论分析与研究假设。本章在对现有的债务期限结构理论进行回顾与分析的基础上，提出从终极控制人角度来研究债务期限结构的理论分析框架，据此对终极控制人的性质及经济动机与债务期限结构的关系进行理论分析，并提出研究假设。

第 5 章，终极控制人性质与债务期限结构关系的实证检验。本章对终极控制人的产权属性及行政属性与上市公司债务期限结构的关系进行实证分析，主要从社会嵌入性角度，检验终极控制人性质这种产权制度安排对公司融资结构的影响。

第 6 章，终极控制人经济动机与债务期限结构关系的实证检验。本章对终极控制人的私人收益动机及效率促进动机与上市公司债务期限结构的关系进行实证检验，进一步检验不同产权性质、不同行政级别的终极控制人对其经济动机与上市公司债务期限结构之间关系的影响，即检验客观制度环境因素对终极控制人经济动机与债务期限结构之间关系的影响。

第 7 章，研究结论、启示与不足。本章对全书主要的实证研究结论进行归纳与总结，并据此对政府的干预行为、非正式制度对企业融资行为的影响等几个问题进行探讨，最后指出本书的不足和未来进一步研究的方向。

本书的研究技术路线及整体框架如图 1-1 与图 1-2 所示。

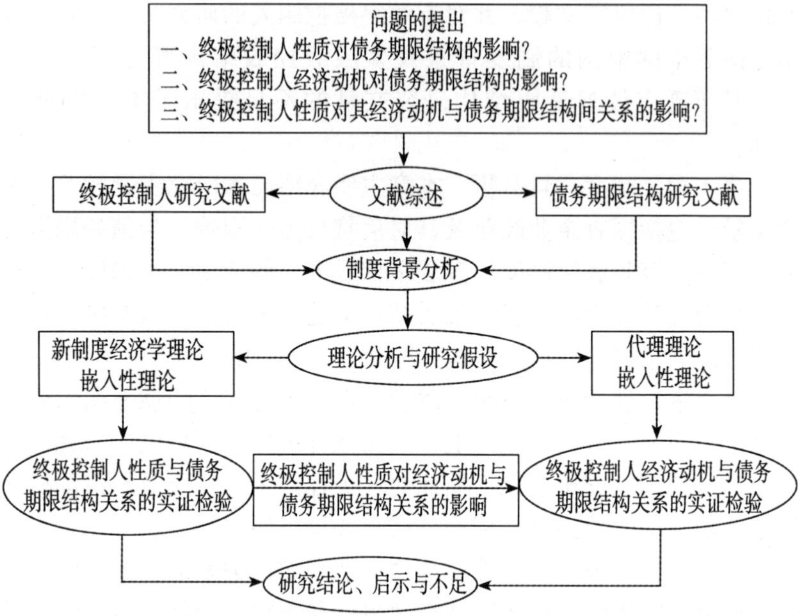

图 1-1　我国上市公司终极控制人与债务期限结构关系研究的技术路线图

1.2.2　研究方法

本书用规范分析法来回顾相关的研究文献，介绍与中国债务融资有关的制度背景，分析终极控制人性质及经济动机对公司债务期限结构影响的理论框架，并在实证分析的基础上，对改善中国融资的制度环境、优化公司债务期限结构等方面提供启示，具体进行分析时主要采用归纳法、演绎法、定量分析法等。对于终极控制人性质及其经济动机与债务期限结构关系的研究，本书运用可检验的数学模型和公开的数据资料进行实证检验，具体进行检验时主要应用描述性统计分析法、比较分析法、普通最小二乘法（OLS）等。

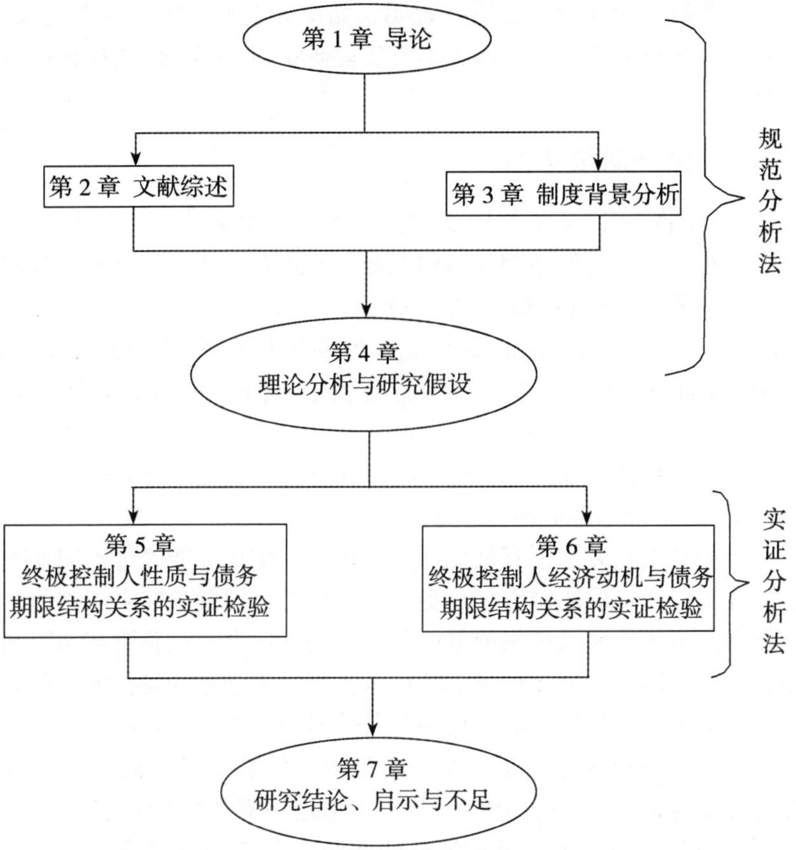

图 1-2 我国上市公司终极控制人与债务期限结构关系研究的整体框架图

1.3 主要概念界定

本节内容主要对书中所使用的一些关键概念进行界定，这些概念主要包括债务期限结构、终极控制人、多层级控股方式、现金流权、控制权、两权分离度及控制权私人收益。一方面，本书对这些概念的含义进行界定，以减少研究的不确定性；另一方面，本书对其中一些概念的计量方法进行说明，如债务期限结构、现金流权、控制权及两权分离度，从而为本书实证研究相关指标的选择提供研究基础。

1.3.1 债务期限结构

债务期限结构是指不同期限的债务在总债务中所占比率的情况。现有的研究对债务期限结构的衡量方式有三种：一是现存到期期限（长期或短期）债务与企业总债务的百分比（Barclay and Smith，1995）；二是企业各项债务到期期限的账面加权平均值（Stohs and Mauer，1996）；三是新发行债务工具的到期期限（Guedes and Opler，1996）。Guedes and Opler（1996）把前两种方法归为资产负债表法（the balance sheet approach），把第三种方法归为增量法（the incremental approach）。

每一种度量方法都有其优缺点。比如，增量法能确定不同期限的债务融资选择的决定因素，更适合于检查公司债务期限结构的选择能否向市场传递其未来前景的信号，而不适合于检验资产期限和债务期限的匹配程度。增量法的样本主要集中于公开发行的企业债券，排除了银行信贷、商业信用等其他债务融资，而这些却是中国上市公司债务资金的主要来源，由于中国债券市场发展滞后，因此企业债券融资比例极低。因此，本书选用资产负债表法来研究中国上市公司债务期限结构选择的问题。在资产负债表法下，用各项债务到期期限的账面加权平均值来度量债务期限结构相对可靠，它能够对不同期限的债务区别对待。但是在中国现有的债务信息披露的条件下，我们不能获得各债务组成的期限信息。因此，在实证研究中，我们用长期债务占总债务的比率来表示债务期限结构。

1.3.2 终极控制人

借鉴 LLS（1999）及 Claessens et al.（2000）的研究，本书把

上市公司第一大股东①的终极所有者定义为终极控制人。若同一家上市公司还有其他持股相近的大股东，本着“第一大股东的第一大股东”的原则来追溯上市公司的终极控制人。

作为上市公司的实际控制人，终极控制人自身的特征和经济动机都将影响公司的债务融资和期限选择。因此，本书着重区分了终极控制人的客体特征（即性质）和经济动机。客体特征主要是指终极控制人的产权属性和层次结构（在本书也可以定义为身份属性）。进一步而言，从终极控制人的产权属性来看，终极控制人可以分为国有企业的终极控制人和民营企业的终极控制人；而就身份属性或行政属性来看，终极控制人可以分为中央政府控制人和地方政府控制人。而就经济动机这一主观动因而言，终级控制人的不同经济动机同样影响着企业的融资选择和债务期限结构决策。本书主要关注终极控制人的效率促进动机和私人收益动机对债务期限结构选择的影响。效率促进动机指的是终极控制人出于降低经营过程中的交易成本、提高经营效率动机而选择多层级控股方式；私人收益动机指的是终极控制人基于政治目标、利益输送或隐匿身份、财富、交易及免于政府监督的动机而选择多层级控股方式。

1.3.3 多层级控股方式

多层级控股方式即终极控制人通过金字塔式控股（pyramid shareholdings）、交叉持股（cross shareholdings）以及发行双重股票（dual class equity）等方式以较少的现金流权来获得上市公司控制权的所有权结构，Bebchuk et al. （1999）将这类股权结构称为控制性少数结构（controlling-minority structure，CMS），又称为所有权少数控制性结构。很多研究都证实，许多国家的控股股东采用这种所有权结构方式来扩大他们在上市公司的控制权，因此这类上市公

① 如果有与第一大股东存在关联关系的股东，则将其持股比例合并，视同于第一大股东的持股比例。

司的股权结构表现出了相对分散的所有权和比较集中的控制权特征（LLS，1999；Claessens et al.，2000；Faccio and Lang，2002）。由于在中国终极控制人更多的是采用金字塔式控股结构方式来控制上市公司，因此本书主要对中国金字塔式控股方式下的终极控制人进行研究。

1.3.4 现金流权、控制权与两权分离度

现金流权，即终极控制人的所有权，是指最终控制人的资金投入后所取得的实际股份，这种股份包括直接持股和间接持股两部分。直接持股就是最终控制人的持股比例，这一指标在控制链条上直接反映；间接持股是指登记在第三者名下，但其实也是受同一个控制者所持有的股权，计算方法是将控制链条上的每一个持股比例相乘后的乘积作为间接持股比例。

控制权，也就是实际投票权，是股东以股权为基础所形成的实质上能够决定性地影响公司董事会和股东大会的决议，从而影响公司战略及经营管理决策制定的权力（张晓农，2006）。与现金流权相似，控制权也包括直接控制权与间接控制权。其中，直接控制权与直接持股比量相同；间接控制权是以每一个控制链条上的最小持股比例相加后的和来表示。

两权分离度即控制权与现金流权的偏离程度，本书用控制权与现金流权的差来度量两权分离度。具体计算方法将在第6章中介绍。

1.3.5 控制权私人收益

在多层级的控股结构方式下，终极控制人可以通过交叉持股和金字塔式控股等方式，获取比与其股权份额相对应的名义控制权更大的实际控制权。由于终极控制人的目标函数与中小投资者（中小股东和债权人）的目标函数并不一致，从而导致其有动机利用其所拥有的多数决策投票权从事有利于自身而有损于中小投资者的控制活动，通过追求自身目标而不是公司价值目标来实现自身利益

最大化。例如，通过以较低的价格将上市公司的资产出售给终极控制人拥有较高现金流收益权的公司、为终极控制人拥有较高现金流收益权的公司提供贷款担保、侵占公司的发展机会、迫使公司投资于不获利但却有利于终极控制人的投资项目等方式侵占中小股东的利益；通过资产替代、过度投资及稀释债权等方式做出使财富从债权人向股东转移的决策。通常，我们把终极控制人从这种控制活动中所获得的收益称为控制权私人收益（private benefits of control）。

1.4 创新之处

本书基于我国特有的融资制度背景及普遍存在的多层级控股结构方式的现实，针对现有的债务期限结构影响因素研究文献的不足，研究了终极控制人与上市公司债务期限结构的关系。本书的创新之处主要体现在如下三个方面：

1）提出了从终极控制人的角度探讨公司债务期限结构选择的理论框架

如前所述，当前有关公司债务期限结构的研究文献主要是探讨公司特征、制度环境及公司内部治理结构因素与债务期限结构的关系。然而，在对现代公司所具有的多层级控股结构进行研究的过程中，我们发现，上述因素还受到更深层次的内部治理要素——终极控制人性质与经济动机的制约。现有的债务期限结构理论尚未有效解释中国上市公司终极控制人与债务期限结构的关系。因此，本书根据经济行为嵌入社会关系的程度，从终极控制人的性质与经济动机两个纬度出发，提出了一个解释终极控制人与债务期限结构关系的理论分析框架。该理论分析框架主要由新制度经济学中的产权理论、寻租理论和代理理论及新经济社会学中的嵌入性理论组成，为理解终极控制人与债务期限结构的关系提供了理论依据。在这个分析框架的基础上，本书对终极控制人的性质及经济动机与债务期限结构的关系，以及终极控制人性质对其私人收益动机与债务期限结构之间关系的影响进行了分析，并据以提出了本书的研究假设。

2）揭示了政治关系对终极控制人与债务期限结构关系的反转效应

众多的研究表明，嵌入于经济活动中的非正式制度（如关系、信任、声誉等）对经济行为的结构、过程和结果都具有关联效应。一般来说，与政府关系越密切的企业，越有可能得到政府的援助，政府也越可能将长期贷款这种稀缺资源分配到与之有密切关系的企业中。由于国有性质的企业及行政级别较低的地方政府与其所控制的企业之间往往具有“关系”这种社会资本，从而导致其企业能够获得更多的债务融资，尤其是长期债务融资。本书揭示了终极控制人及其控股的上市公司与政府部门的“政治关系”作为一种非正式制度因素，对终极控制人与债务期限结构关系的反转效应。一方面，本书的实证研究结果显示，相对于中央政府控股的上市公司来说，地方政府控股的上市公司长期负债比率更高。这与我们从实务中所了解到的，政府终极控制人的行政级别越高，越容易获得长期贷款的看法是相逆的，而地方政府与其控股的公司之间更加密切的利益连带关系是促成这一反转结果发生的主要原因。另一方面，对终极控制人私人收益动机与上市公司债务期限结构关系进行实证检验的结果显示，受终极控制人性质的影响，当终极控制人为国有企业或行政级别较低的地方政府时，终极控制人的私人收益动机与债务期限结构之间不再呈显著的负相关关系，而是呈显著的正相关关系。这一反转效应的发生主要是因为债权人对具有不同政治关系企业的声誉和信任的评估改变了其对长期债务的风险预期。

3）证实了终极控制人的不同经济动机对债务期限影响的显著差异

终极控制人无论是自然人还是法人实体，都具有满足实体心理与社会需求的人格禀赋。进一步而言，终极控制人在公司的债务融资活动中可能具有多种不同的利益需求，并形成不同的经济动机，其中私人收益动机和效率促进动机是终极控制人的两个基本动机。当终极控制人在公司的所有权比率很高时，其侵占动机较弱，更倾向于提高共享收益来最大化个人所得；而当终极控制人在公司的所有权比例较低或两权分离度较高时，其有更强的动机来掠夺中小股东及债权人的利益，从而最大化控制权私人收益。终极控制人的不同经济动机会导致公司不同的融资行为和融资结构。本书的实证研究结果显示，终极控制人的效率促进动机越强，公司长期负债比率越高；相反，终极控制人追求私人收益的动机越强，公司短期负债比率越高。

除上述几点主要的创新之外，本书还修正了私人收益动机的度量指标，为相关研究提供了更可靠的计量方法。按照 LLS（1999）的方法计算两权分离度（控制权与现金流权的差）并以此度量终极控制人的私人收益时，我们发现绝大多数上市公司的终极控制人的两权分离度为零，这意味着终极控制人与上市公司的控股股东对上市公司的控制程度是一样的，同时两者拥有的现金流量权也是相同的。实际上，终极控制人对上市公司的控制程度并不以其拥有的控制权为准，而是取决于其他股东的投票权结构，是其他股东的权力制衡和竞争的结果（邓建平等，2007）。因此，为了更科学地衡量大股东对上市公司的控制程度，对于按 LLS（1999）的方法得出两权分离度为零的样本公司，本书引入 Shapley 权力指数（Milnor and Shapley，1978）来测算终极控制人对上市公司的控制程度，然后用测算出来的控制权减去终极控制人在上市公司的现金流权作为两权分离度变量，以此来替代终极控制人私人收益动机的大小。由于按此方法计算出来的两权分离度指标更能够代表终极控制人对上市公司的控制程度，因此能够更可靠地度量终极控制人获取私人收益动机的程度。

2 文献综述

本章首先对有关债务期限结构影响因素的代表性研究文献进行回顾，然后对有关终极控制人的研究文献进行介绍，最后对债务期限结构的实证研究文献进行评述。通过本章的文献综述，我们可以掌握国内外有关公司债务期限结构问题的研究动态，从而为中国上市公司债务期限结构问题的研究提供依据和方向。

2.1 债务期限结构选择的实证研究文献

当前，对债务期限结构影响因素进行实证检验的文献主要从以下三个角度展开：一是研究公司特征因素对债务期限的影响；二是考虑制度环境因素对债务期限结构的影响；三是关注公司内部治理因素对债务期限结构的影响。下面就相关的研究文献分别从这三个角度进行介绍。

2.1.1 公司特征因素

根据相关实证研究文献，影响公司债务期限结构选择的公司特征因素主要包括：其一，与代理成本有关的因素，如公司所在行业、公司规模、公司成长性、现金流状况；其二，与信号传递有关的因素，如公司质量或信誉等级；其三，与期限匹配有关的因素，如资产期限；其四，与税收有关的变量。

1）国外研究文献

（1）有关代理成本的研究文献

根据代理成本假说，增加公司的短期债务融资能够缓解公司内部股东与外部股东及债权人之间的利益冲突，降低代理成本。目前大多数的实证研究文献侧重于对此方面进行分析，并提供了检验证据。Barclay and Smith（1995）以1974—1992年在美国上市的所有工业公司为样本，对公司债务期限结构的影响因素进行实证检验。结果发现，公司债务期限结构与公司的增长机会（市值与账面价值的比率）显著负相关，与公司资产规模显著正相关，管制类公司具有更多的长期债务。Guedes and Opler（1996）选择美国1982—1993年的新债务发行公司进行研究，发现成长机会多的公司拥有更多的短期债务，受管制的公司拥有更多的长期债务。但是，规模大的公司更倾向于使用长期债务的观点不被支持。Stohs and Mauer（1996）以美国1980—1989年的328家工业公司为样本进行检验的结果表明，债务期限与成长机会不存在显著相关关系；规模大的公司使用更多的长期债务。Ozkan（2000）使用1983—1996年的429家英国非金融公司组成的非平衡面板（unbalance panel），应用广义矩估计（GMM）技术估计动态模型对公司债务期限结构影响因素的研究得出了与Stohs and Mauer（1996）一致的结论。而Elyasiani et al.（2003）以美国1973—1994年发行债券的公司为研究样本，对公司债务期限结构和杠杆的相互依赖性采用联立方程模型进行检验的结果表明，公司债务期限结构与成长机会之间的负相关关系消失，而杠杆的决策受成长机会的影响。他们认为，现存的模型也许高估了成长机会对公司债务期限结构的影响。

（2）有关信号理论的研究文献

根据信号理论，公司短期债务能够向外部传递公司经营良好的信号。对此，Barclay and Smith（1995）、Stohs and Mauer（1996）、Ozkan（2000）、Daniservska（2002），以及Berger、Espinosa-Vega、Frame and Miller（2004）分别进行了研究。Barclay and Smith（1995）、Stohs and Mauer（1996）的研究发现，异常盈余变量（公司质量的代理变量）的估计系数显著为负，支持Flannery（1986）的信号模型；具有最高信用风险和最低信用风险的公司发行短期债务，而具有中间信用风险的公司发行长期债务，公司债务期限结构和信用等级呈非单调关系，这与 Diamond（1991）的预测相一致。Berger、Espinosa-Vega、Frame and Miller（2004）使用53家美国大银行的6 000多个商业贷款数据来检验 Flannery（1986）和 Diamond（1991）的理论。其中，对低风险公司的研究结论与这两个理论模型的预测相一致，而高风险公司与中等风险公司的债务期限没有显著性差异，这与 Diamond（1991）的模型预测以及先前的经验研究不一致。Daniservska（2002）检验了经理人员和贷款人之间的信息不对称性对公司债务期限结构的影响，其中，短期和长期信息不对称的度量是基于分析师盈余预测的偏差。实证结果发现，短期盈余信息不对称对公司债务期限具有正面影响，具有好消息和短期盈余信息不对称严重的公司更多地依赖短期债务融资，但长期盈余信息不对称与公司债务期限结构的关系并不显著。Ozkan（2000）的研究也发现，通过发行短期债务来传递有利信号的证据是混合的。

（3）有关债务期限匹配理论的研究文献

根据债务期限匹配理论，债务期限与资产期限之间存在正相关关系。Stohs and Mauer（1996）、Ozkan（2000）等的研究对此提供了证据，他们均发现，公司倾向于将资产和债务期限进行匹配。

（4）有关税收理论的研究文献

因为负债所支付的利息需要从利润中扣除，所以通常认为，负债融资具有税盾效应。对税收与债务期限结构的关系进行研究的文献，大多没有支持税收理论，如 Barclay and Smith（1995）、Guedes and Opler（1996）、Ozkan（2000）的研究均发现，税收对公司债务期限结构选择的影响不确定。Stohs and Mauer（1996）发现税收的估计系数显著为负，但这些变量的经济显著性值得怀疑。

2）国内研究文献

中国正处于经济转轨时期，公司融资的制度背景与西方发达国家存在很大差异性，为此，很多学者结合我国的实际，对影响我国上市公司的债务期限结构选择的因素进行了一些研究，其中代表性的文献是齐寅峰等（2005）、肖作平（2005）以及袁卫秋（2005）的研究。

齐寅峰等（2005）对全国23个省市、自治区范围内的670家公司（其中，上市公司210家，非上市公司460家）的投融资运作行为及其管理进行了问卷调查，在着重考察不同特征公司债务期限结构的选择时发现，规模较大、资信等级好的公司获得长期贷款的概率更大，因此这些公司有债务期限结构管理的可能性。对债务期限结构进行管理时主要考虑负债与资产期限的匹配问题，以防止债务到期时没有足够的现金流还款，或者产生闲置资金。肖作平（2005）以1995—2002年的204家非金融公司为研究样本，采用回归和固定效应回归等技术对我国上市公司的债务期限结构影响因素进行了实证研究，发现具有更少成长机会、更少自由现金流量和规模大的公司具有更多的长期债务；没有发现公司质量、非对称信息程度以及盈余波动性对债务期限结构的影响，即没有发现公司使用债务期限结构向市场传递信号的证据；没有支持债务期限结构税收假说。袁卫秋（2005）对1999—2002年汽车制造行业上市公司的研究发现，资产到期日、每股收益、非债务税盾、公司质量和公司成长性等因素对样本公司的债务期限结构有一定的解释力，如资产到期日与债务期限显著负相关，非债务税盾（主要是固定资产的折旧）对延长债务融资期限具有促进作用。

2.1.2 制度环境因素

最近的一些研究开始关注制度环境对公司债务期限的影响。在这些研究中，国外学者主要探讨不同国家间制度环境的差异及“政治关系”对公司债务期限结构的作用；而我国的经济发展具有特殊性，不同地区的制度环境存在明显的差异性，因此，国内的研究主要探讨我国不同地区的政府干预行为或地区市场化进程对债务期限结构选择的影响，较少关注政治关系对融资结构的影响。

1）国外研究文献

Demirguc-Kunt and Maksimovic（1999）、Giannetti（2003），以及Fan、Titman and Twite（2007）分别对发达国家和发展中国家的债务期限结构进行了研究，以检验制度因素在解释公司债务期限结构选择中的作用。研究表明，各国企业的债务融资结果受到法律对投资者的保护程度、市场发展程度和政府干预等制度环境因素的制约，经济越落后、法律保护越差、相关制度建设越不完善的国家，其公司杠杆越高，债务期限越短。具体来说，相对于使用民法的国家，使用普通法的国家长期债务更少；法律体系越有效的国家，其公司有更多的长期债务；具有活跃股票市场的国家，其大公司具有更多的长期债务和更长的债务期限；政府对行业的津贴提高了公司的长期债务水平。

Kwahja and Mian（2005）、Faccio（2006）、Charumilind et al.（2006）考察了政治关系对企业债务融资的影响。研究发现，相比没有政治关系的企业，拥有政治关系的企业能够从银行那里获得更多的长期贷款，并且这种现象在那些高度腐败、产权保护弱、政府干预程度高的国家尤其明显。

2）国内研究文献

孙铮、刘凤委、李增泉（2005）以中国上市公司1999—2003年的经验数据为样本，采用樊刚和王小鲁（2001）构造的地区市场化程度及政府干预程度指数，以OLS及面板数据回归法（随机效应法）实证分析了地区市场化程度与政府干预程度对当地企业债务期限结构的影响。结果表明，企业所在地的市场化程度越高，长期债务的比重越低。进一步分析表明，上述差异主要归因于政府对企业干预程度的不同：在银行公有和企业公有的产权制度安排下，政府干预作为司法体系的替代机制，降低了债务契约的履约成本，从而导致具有“政治关系”的企业在缺乏保护债权人的法律下仍能获得银行的长期贷款支持；相反，在市场化程度高的地区，虽然政府已经放松了对企业与银行的控制，但由于缺乏完善的司法体系来保护债权人的利益，因此企业很难获得银行的长期贷款，“短期常借”成为了一种可能的替代机制。

Cull and Xu（2005），江伟、李斌（2006）具体考察了中国国有银行的差别贷款行为。结果表明，国有银行在对是否拥有“政治关系”的企业发放贷款时存在着差别贷款行为，与政府有密切关系的企业更可能获得国有银行的贷款。江伟、李斌（2006）的研究还发现，相对于民营上市公司，国有上市公司能获得更多的长期债务融资。进一步研究发现，在政府干预程度比较低的地区以及金融发展水平比较高的地区，国有银行对不同性质公司的差别贷款行为有所减弱。黎凯、叶建芳（2007）以我国2000—2004年的A股上市公司为样本，对政府干预公司债务融资的行为进行了研究。研究结果表明，中央政府与地方政府对短期借款基本上没有影响；中央政府对长期借款干预较少，地方政府主要对长期借款进行干预，政府对上市公司的银行贷款进行选择性干预。

Fan、Rui and Zhao（2006）以中国23位腐败高官为例，研究了政治寻租对公司融资行为的影响。他们发现，相对于没有政治关系的公司来说，有关系的公司在高官被查处后，其债务期限比率显著下降。剔除这些贿赂政府官员的公司后，仅对有政治关系的公司进行检验，结果依然不变。这表明，这些公司债务融资能力的弱化不仅仅与腐败案件的查处有关，而且是政治关系消失的结果。余明桂等（2007）以我国1993—2005年在沪深交易所上市的民营企业为样本进行研究，发现有政治关系的企业比无政治关系的企业获得更多的银行贷款和更长的贷款期限，而且在金融发展越落后、法治水平越低和政府侵害产权越严重的地区，政治关系的这种贷款效应越显著。

2.1.3 公司治理因素

从公司治理角度对债务期限结构进行研究的文献较少，国外主要是 Datta、Iskandar-Datta and Raman（2005）的研究，而国内主要是肖作平、廖理（2007）的研究。

Datta、Iskandar-Datta and Raman（2005）以美国 1992—1999 年的公司为样本，研究了管理者持股在公司债务期限结构选择中的作用。研究发现，管理者持股是公司债务期限结构选择的一个重要因素，管理者持股比例与公司债务期限呈显著负相关关系。具体来说，当管理者持股比例较高时，管理者与股东之间的利益趋于一致，管理者增加短期负债融资，可以增强债权人及其他外部投资者监督的动力；而对于自利且拥有较低或无股权的管理者来说，增加短期负债融资会使其受到债权人监督的压力，因此其会选择长期债务融资来进行预防。

肖作平、廖理（2007）以我国 2002 年 A 股非金融上市公司的截面数据为基础，从代理成本视角检验在我国债权人法律保护较弱的背景中，大股东是否影响公司债务期限结构选择。结果表明，大股东确实影响公司债务期限结构的选择：第一大股东持股比例与公司债务期限显著负相关，第一大股东的产权性质显著影响公司债务期限结构的选择，第一大股东为国家股的公司具有相对高的长期债务水平；少数大股东持股集中度与公司债务期限显著正相关，第一大股东持股比例和少数大股东持股集中度的交互项与公司债务期限显著正相关，表明少数大股东持股集中度的提高能削减第一大股东和公司债务期限之间的负相关关系。

2.2 有关终极控制人的研究文献

对公司所有者的探讨一直是公司治理研究的核心问题。随着公司治理研究的逻辑焦点由关注经理人员与分散股东之间的利益冲突转变为关注控制性股东与中小股东的代理问题，近几年来，学者们在此领域的研究开始关注终极控制人的行为动机及其制约机制以及由此导致的经济后果问题，下面我们按照相关研究文献的演进情况进行介绍。

2.2.1 多层级控股方式存在的普遍性

自 La Porta、Rafael、Florencio Lopez-de-Silanes、Andrei Shleifer (1999) 以来，人们对终极控制人选择组织结构方式来控制其他公司现象的关注逐渐提高。LLS (1999) 以 27 个国家的 910 家公司为样本，发现终极控制人通过优先表决权、交叉持股、金字塔式控股结构等方式来维护与扩大他们对公司的实际控制权。随后，Claessens、Djankov and Lang (2000) 对 9 个亚洲国家与地区（日本、中国香港、中国台湾、印度、印度尼西亚、韩国、马来西亚、新加坡、菲律宾）的 2 980 家上市公司的控制权结构进行追溯，发现 38.7% 的公司其实际控制人通过金字塔式控股方式进行控制。这说明，复杂公司结构普遍存在于亚洲国家。Faccio and Lang (2002) 采用同样的方法对 13 个西欧国家的 5 232 家公司进行分析，发现 19.13% 的公司使用金字塔式控股结构方式。

在我国，终极控制人选择多层级组织结构方式来控制上市公司的现象也十分普遍，这主要体现在：一方面，国家对上市公司的控制已经从直接控股拓展到了主要以金字塔式持股结构为特征的间接控制，如刘芍佳、孙霈、刘乃全（2003）最先对我国的终极控制人进行研究，他们对以国家为最终控制人的上市公司的情况进行了调查，结果发现，2001 年我国的上市公司中有 75.6% 的公司由国家通过金字塔式控股方式实施间接控制；另一方面，由自然人（或家族）控制的民营上市公司的数量近年来呈现出快速的增长趋势，如赖建清、吴世农（2004）采用刘芍佳等（2003）的分类方法对 2002 年我国上市公司最终控制人的情况进行统计时发现，自然人采用金字塔式控股结构的比例高达 95.7%。叶勇、胡培和何伟（2005）也采用刘芍佳等（2003）的分类方法对 2003 年我国上市公司最终控制人的情况进行了统计，发现 2003 年我国的上市公司中有 72.06% 的公司最终是由政府控制的，但是呈明显的下降趋势；非政府控制的上市公司达到20.64%，有明显的上升趋势。另外，刘志远等（2008）对我国2004—2006年样本公司终极控制人的情况进行了统计，发现截至2006年，有90.1%的样本公司的控制层级在两层以上，其中由国有性质的终极控制人通过多层级控股方式控制的上市公司所占的比例为84.6%，由各级政府机构控制的上市公司占到了71.7%。

上述研究意味着多层级控股组织结构方式在世界各国存在的普遍性。现有的文献除了对终极控制人的存在问题进行研究外，更多的研究是关注终极控制人的行为动机及其制约机制以及由此所导致的经济后果问题，下面我们对有关这方面的代表性文献进行回顾。

2.2.2 终极控制人选择多层级控股方式的动机

终极控制人选择多层级控股方式的动机有不同的解释，归纳起来主要有两种观点：一是基于交易成本的效率促进观，即终极控制人出于对地区要素市场发育程度等外部环境因素的考虑而选择多层级组织结构方式，以降低经营过程中的交易成本，提高经营效率；二是私人收益观，即多层级组织结构方式便于隐匿身份、财富、交易及免于政府监督或进行“掏空”，最大化控制权私人收益。

1）基于效率促进动机的研究文献

Coase（1937、1960）和Williamson（1975、1985）较早对内部市场相对于外部市场的优势进行讨论，他们始终强调组织结构在降低各种要素市场交易成本中的作用，如很多交易在集团公司的内部市场中进行，有助于降低交易过程中的信息不对称和障碍，降低执行产权和契约等所产生的违约风险和机会主义行为等成本。因此，“内部市场具有降低交易成本的效率促进功能”的观点一直被广泛认可①。很多研究对此提供了证据，如Khanna（2000）认为，

① 郑国坚，魏明海．公共治理、公司治理与大股东的内部市场［J］．中大管理研究，2007（2）：4．

内部市场可以替代缺失的外部市场和机制。在许多发展中国家，新兴市场的不发达是一个典型的经济特征，它集中体现为在有组织的经济活动中缺少必要的基础服务，从而增加了其获取必要生产要素的成本。在这种背景下，集团公司可以通过内部资本市场配置资源到辖属公司，从而降低交易费用，增进公司价值（Khanna and Palepu，1997，2000）。再以资本市场为例，当从外部市场获取资本的难度较大时，内部资本市场能够有效地配置资本（Stein，1997）。Shin and Park（1999）的研究证实了上述观点，他们发现在韩国处于集团公司内部的子公司，其投资额度与公司现金流的关系比那些独立公司要不敏感，这说明集团公司内部的子公司利用了集团内部的资本市场。持同样观点的还有 Hoshi、Kashyap and Scharfstein（1991），他们对日本的企业集团和独立公司做了对比，发现企业集团的投资对现金流的敏感性较低。Hubbard and Palia（1999）通过对美国 20 世纪 60 年代的第三次并购浪潮进行实证研究，发现大多数公司实施收购是为了构建内部资本市场，缓解由于资本市场尚未充分发达和外部资本市场难以获取公司内部信息而导致的融资约束问题，能够从内部资本市场进行借贷的公司比只从外部银行进行借贷的公司所受的融资约束要小。Granovetter（1985）认为，组建集团公司可以帮助成员公司弥补产品市场的无效、提高竞争力，也可以在内部促进技术与管理技能的扩散（Leff，1978、1979），还可以帮助成员公司进入资金与要素市场，以具备更大的政治影响力（Keister，1998）。

Fan、Wong and Zhang（2005）分析了我国国有企业建立多层级的金字塔式控股结构的动机，认为国有企业基于政府分权（decentralization）的背景而建立金字塔式控股结构。因为分权使得国有资产的经营权由政府官员交由专业管理人员，这将减少政府官员出于政治目的配置国有资源的行为。曾亚敏、张俊生（2005）对我国上市公司的收购动因进行了实证检验，发现在我国公司融资渠道尚不发达、公司与外部资本市场之间信息不对称仍比较严重的情况下，收购后建立内部资本市场对缓解公司潜在的与现实的融资约束都具有重要意义。万良勇（2005）对集团公司内部资本市场的放松融资约束功能进行了检验，认为在我国特殊的产权及治理环境下，集团控制的上市公司面临的融资约束显著低于非集团控制的上市公司面临的融资约束。

总之，由多层级控股方式产生的内部市场是一种有助于交易进行和降低交易成本的制度安排。因此，基于最大化公司价值目标考虑的终极控制人有动机选择多层级的组织结构方式。

2）基于私人收益动机的研究文献

多层级控股结构方式除了有助于上市公司降低交易费用、提高经营效率外，还有助于上市公司与其他关联企业之间进行各种利益输送行为，这无疑有利于终极控制人私人收益目标的实现。因此，建立多层级控股方式是终极控制人为实现其目标函数所作的理性选择。对此，North（1985）从制度经济学的角度进行了解释。North（1985）根据对政府行为动机的不同假定将制度分为两类：产权制度（property right institutions）和契约制度（contract institutions）。从产权的角度来看，较弱的投资者保护制度催生了投资者的寻租动机，金字塔式结构为控股股东低成本地利用其控制权向政府寻租提供了可能；从契约的角度来看，较弱的投资者保护制度催生了投资者的道德风险，金字塔式结构为控股股东低成本地侵占其他股东的利益提供了可能。大量的研究对此提供了证据，如 Bebchuk et al.（1999），以及 Claessens、Djankov and Lang（2000），LLSV（2002），Faccio and Lang（2002）等认为，设立金字塔式控股结构便于终极控股股东掠夺小股东利益，获得控制权私人收益。Almeida and Wolfenzon（2005）通过建立模型对组织结构选择理论进行研究，认为当投资者保护程度较低时，金字塔式控股结构备受青睐，因为此时终极控制人转移公司资源所付出的成本低，所获得的控制权私人收益多。Bianchi、Bianco and Enriques（2001）认为金字塔结构便于终极控制人向市场与政府监管当局隐匿真实身份，从而规避外界的管制。Attig、Fischer and Gadhoum（2003）在对金字塔式股权结构的决定因素等问题进行研究时发现，金字塔式结构造成了控制权与所有权的不同，并降低了公司价值，金字塔成为控股股东掩饰其利益侵占行为的面纱。持同样观点的还有 Zwiebel（1996），Johnson et al.（2000），Khanna（2000），Bertrand、Mehta and Mullanaithan（2002）等，并且这类问题在新兴资本市场国家表现得尤为突出（Faccio et al.，2001；Claessens et al.，2002；Lins，2003）。

在我国，由于对投资者的法律保护有限，终极控制人更有动机选择多层级组织结构方式来控制上市公司，最大化控制权私人收益。例如，刘启亮等（2006）认为，由于投资者保护的差异，投资者在此事前形成了关于经济公正的不同预期，据此进行不同的投资行为选择。在投资者保护较弱的情况下，公司治理就倾向于强势原则，诱使有实力的股东集中投资，进而通过控制权放大效应形成复杂的金字塔结构，借此进行掏空和寻租等以获取控制权私利。Jian and Wong（2005）认为，由于缺少外部市场对资源分配的监督，在集团各附属公司之间复杂的所有权和控制权结构基础上建立起来的内部市场，可能与更严重的利益侵占行为相联系，因为通过集团内部的关联交易，现金和利润可以从集团成员公司转移到母公司的口袋或经营困难的其他成员手中，以实现控股股东的机会主义目的。郑国坚、魏明海（2007）认为，如果上市公司被集团公司控制，而不是由自然人或非经营性的投资性公司掌握控制权，将会导致大股东①更有能力和动机进行利益输送。原因在于：其一，集团自身从事实业经营且规模较大，子公司众多，导致上市公司更可能在日常经营过程中与集团其他成员进行内部交易，实现机会主义目的；其二，我国绝大多数上市公司由集团公司大股东采取剥离主

① 郑国坚、魏明海（2007）在此所指的大股东包括上市公司的直接第一大股东和终极控股股东，并且第一大股东的控股股东及其终极控制人控制的股东也属于作者理解的“大股东”的范畴。

要或部分经营性资产的方式设立上市，这会导致剥离主要资产后的母公司设法从上市公司寻求补偿或获得母公司部分主要资产的上市公司不能完全独立经营，在经营的某些环节上仍需要依赖母公司，从而导致母公司有能力通过内部交易从上市公司获取回报。Fan、Wong and Zhang（2005）分析了我国私营企业金字塔式控股结构层级出现的影响因素，并以1993—2001年的IPO上市公司为样本进行实证检验，结果发现，上述现象对于私营企业来说则相反。地区的市场发展程度、法律环境及对产权的保护越完善，其层级越少；在市场欠发达的地区，以及法律环境、产权保护相对弱的地方，其层级越多。原因在于，对于私营企业来说，在良好的环境下，终极控制人隐匿身份、财富、交易及免于政府监督的动机降低。

3）有关终极控制人经济动机计量的文献

一般来说，在多层级的控股结构下，两权分离程度越大，代理成本越高，终极控制人越有动机侵占中小投资者的利益。因此，提高控制者的现金流权可以使其与公司目标利益趋于一致，从而提高公司价值。例如，La Porta et al.（2002）的研究发现，在法律环境对投资者保护不好的国家，增加大股东的现金流权比例就可以增加公司的价值。Claessens et al.（2002）对8个亚洲国家的股权状况的分析也发现，公司价值随着实际控制人现金收益权的增加而增加，随着控制权与现金收益权分离度的增加而减少。Barclay and Holderness（1989）的研究表明，在法律监管不完善的情况下，控制性股东掌握上市公司的控制权，其可以利用自身具有绝对优势的表决权将上市公司的利益转移到自己手中，同时控制性股东只按照其拥有的股权比例部分承担由于利益转移而给上市公司带来的亏损。因此，研究者们通常用终极所有权的大小来度量终极控制人与上市公司利益的一致程度（alignment effect），而使用控制权的大小或两权分离度来度量终极控制人“壕沟效应”（entrenchment effect）的程度（La Porta et al.，1999；LLSV，2000；Claessens et al.，2002；Faccio and Lang，2002；邓建平等，2007）。

当然，对于终极控制人利益侵占行为的度量，还有其他一些计算方法：第一种方法是大宗股份转让定价法，这种方法的基本原理是将大股东控制的大宗股份转让的价格与一个基准的价格相比较，其高出的部分即被认为是大股东利用控制权获得的非正常收益，并依此确认为大股东的利益侵占。较早使用这种方法的有 Barclay and Holderness（1989）、Dyck and Zingales（2004）等，后来这种方法被广泛使用。Atanasov（2005）认为，这种方法的局限主要是基准价的确定，因为这种方法是采用大宗股份交易价与基准价格的差额作为大股东利益侵占的衡量尺度，在交易价格确定的情况下，基准价格的高低将对大股东利益侵占的最终结果产生直接的影响，大部分研究都是将大宗股份转让的消息公布以后的市场交易价格作为基准价，也有采用其他形式的（如唐宗明和蒋位（2002）就是采用每股净资产作为基准价格）。无论怎样，基准价格的选取标准成为该方法最大的局限。第二种方法是大股东派出董事比例法，这是近几年来中国台湾学者（沈中华等，2005；许崇源等，2004）新创的一种方法，即将第一大股东派出董事（或监事）占全部董事（或监事）的比例作为大股东控制权的衡量指标，再将控制权比例减去现金流比例作为大股东获取超额控制权的比例。这种方法有一定的合理性，尤其是从公司实际控制权的角度衡量大股东对公司的控制状况，在某种程度上更有说服力。但在我国上市公司相关信息披露不充分和大部分上市公司是国有企业的情况下，很难鉴别董事身份，因此这种方法应用起来也会遇到很大困难。第三种方法是股权集中度法，即将第一大股东持股比例的高低作为大股东利益侵占度的衡量标准。其实这种方法并不是对大股东利益侵占的直接检验，而是对股权集中度与公司绩效负相关的一种理论解释。

本书衡量的是在控制权未发生转移的情况下终极控制人的私人收益，因此大宗股份转让定价法及股权集中度法不适合我们的研究。考虑到大股东派出董事比例法数据搜集的难度，我们采用两权分离度指标来衡量终极控制人私人收益动机的大小。这种方法是由

La Porta et al. （1999）首创的，由 Claessens et al. （2002）、Faccio and Lang（2002）推广应用于东亚及西欧国家，并很快普及。

2.2.3 根据终极控制人特征的差异进行的研究

1）区分产权性质对终极控制人进行的研究

针对终极控制人所进行的研究，其中相当一部分文献集中在国有股权与私有股权的讨论上，认为政府容易对国有企业进行干预。当然，这种干预既体现为掠夺，也体现为支持。

Shleifer and Vishny（1994）认为，除了经济目标外，作为国有股股东的政府还有政治目标，如维护社会稳定、雇用更多的工人、安排下岗员工或专业干部、提供政治捐献等，因而国有股权会带来严重的政府行政干预，歪曲资源的优化配置，降低公司效率。Boycko、Shleifer and Vishny（1996）将政府官员的动机纳入竞争与股权问题的分析模型，得出了同样的结论。Nellis（1994）的研究也认为，政治家会扭曲国有企业的经营职能而使其屈从于政治目标。Stiglitz（1993）也提出类似的观点，认为由于政治家希望利用国有企业从事一些政治方面的活动，因此他们不会真正鼓励竞争。Qian（1996）指出，一般来说，国有企业要承担由 Shleifer and Vishny（1994）提出的政治成本（political cost）。Shleifer and Vishny（1998）将政府的这种干预行为定义为“掠夺之手”，认为政府会从国有企业中掠夺资源，用于实现其政治目的。Shirley and Walsh（2001）对该领域 1971—1999 年引用频率最多的 52 篇经验研究的结论进行归纳，其中一种观点认为，政府会通过国有企业，采用在私有企业情况下不可能采用的方式去实现除了最大化社会福利以外的目标，而这将对任何市场结构下的企业业绩产生负面影响。一系列的研究记录了政治家利用国有企业从事各种类型的政治活动，如 Boycko、Shleifer and Vishny（1996）指出，英国政府在很长的一段时间内为了保证就业而不愿意关闭运营效率不高的煤矿。由于要雇用更多的工人，欧洲国有航空公司的运营成本比美国私营航空公司的运营成本要高出48%。在我国，类似的例子更多。曾庆生（2004）分析了国有企业的冗员问题，发现国家控股的企业在雇员数量和劳动力成本上显著高于非国有控股的企业。郑国坚、魏明海（2007）分析了大股东内部市场的公司治理功能和公共治理[①]功能，并以2000—2005年的6 271家上市公司为样本进行了检验，结果发现，公共治理功能在内部市场中是第一位的，公司治理功能从属于公共治理功能。

政府对国有企业的干预有时也体现为“支持之手”，即为了回报国有企业的贡献并保证长期的支持，政府与政治家们通过阻碍竞争或直接提供支持的方式帮助国有企业。Faccio（2006）发现，政治背景与公司价值之间存在密切联系，在政治腐败的国家，公司利用他们与政府的关系，可以从国家获取资源。Fan Wong and Zhang（2007）发现，上市前业绩较差的公司，政治家充当上市公司经理人员的比重更高。陈冬华（2003）分析了政企关系对上市公司获得补贴的影响，发现具有地方政府背景的董事显著提高了IPO次年补贴收入占利润总额的比例。Poncet（2005）发现，1992—1997年，地方保护主义导致了中国内部贸易流密度的降低，认为保护性的贸易政策是地方官员与地方利益集团相互影响的结果，后者为保护自身利益而游说前者实施政府干预。刘峰等（2004）采用案例分析法讨论了在当前我国制度环境下，大股东行为的外部约束条件（给定大股东侵占上市公司利益总体上不存在法律风险、大股东普遍拥有对上市公司实质性的控制权、市场监督力量弱以及大股东可以忽视市场监督等事实），认为市场监管部门往往偏向于保护代表国有资产的大股东的利益。孙铮、刘凤委、李增泉（2005）以1999—2003年我国的上市公司为样本，分析了各地市场化程度、政府对经济干预程度对公司债务期限结构的影响，发现上市公司所

① 郑国坚、魏明海（2007）将地方政府对所辖地区进行经济管理、解决社会福利、确保政治与社会稳定的过程和职能统称为地方政府的公共治理。

在地的市场化程度越高，长期借款占总借款的比重越低，进一步发现之所以出现这种情况，是由于各地政府干预经济的程度不同，在市场化程度较低的地区，政府以其信用作为担保干预银行的贷款活动，为上市公司获取长期贷款。

2）区分行政级别对国有终极控制人进行的研究

近年来，在中国，关于所有权对公司价值影响的研究逐渐走向深入，即除了比较国有股权与非国有股权对公司价值的影响外，还进一步区分不同的国有终极控制人进行研究。因为“各级政府的权力和职能不同，在资本市场的动机和行为可能也不同，将不同层级的政府一概而论会忽略各级政府动机和行为的差异”（夏立军、方铁强，2005）。

对于中央政府控制的公司与地方政府控制的公司在寻租能力、财政支持以及社会负担方面可能存在的差异，很多研究提供了经验证据。例如，陈璇（2004）就级别在寻租能力方面的影响力给出了经验证据，发现证监会在资格审批上存在“身份”歧视，国有企业比非国有企业更容易通过审批；而在国有企业中，中央政府控制的上市公司比地方政府控制的上市公司更容易通过审批。夏立军、方铁强（2005）将上市公司细分为非政府控制（即民营、乡镇或外资资本控制）、县级政府控制、市级政府控制、省级政府控制以及中央政府控制五种类型进行研究。他们认为，对于非政府控制的上市公司来说，其控制人同样具有侵害中小股东的动机和能力，但是与政府相比，其侵占能力相对较小，原因是监管力量和法律约束难以限制政府权力。因此相对于非政府控制的上市公司来说，政府控制的上市公司的公司价值可能更低。另外，对于不同层级的政府控制人来说，他们认为，由于行政分权，中央政府的角色更像是一个委托人，而地方政府的角色更类似于一个代理人，在从证券市场竞争资源方面，地方政府比中央政府具有更强的动机。因此，在侵害中小股东的行为上，下级政府可能更为严重。他们的实证研究结果支持了上述理论分析，即不同终极控制人对公司价值的影响不同，政府控制尤其是县级和市级政府的控制对公司价值产生了负面影响。朱松（2005）按照夏立军、方铁强（2005）的方法将最终控制人分为国家最终控制与非国家最终控制两类。其中，国家最终控制又可分为中央政府控制、省级政府控制、市级政府控制、区县级政府控制。朱松（2005）的研究发现，国家最终控制的公司的价值显著低于非国家最终控制的公司的价值，而这种负面影响主要是由于市级政府、区县级政府导致的。吕伟（2006）同样按照夏立军、方铁强（2005）的分类方法，探讨了不同级别的政府最终控制的上市公司在冗员问题上的差异，发现国有企业的政治级别越低，冗员越多。

3）区分地区治理环境对终极控制人进行的研究

从20世纪70年代末开始对公司进行产权化改革以来，我国开始从计划经济向市场经济转轨，各地区的市场化[①]得到了很大的进展。在走向市场化的过程中，中国经济保持了高速增长，大多数人的生活水平显著提高，中国的经济实力显著增强。但迄今为止，这种进展仍很不平衡。就区域而言，在某些省市，特别是在东部沿海省市，市场化已经取得了突破性的发展；而在中、西部的一些省市，经济中非市场的因素还占有重要的地位（樊纲、王小鲁，2003）。因此，有一些对终极控制人进行研究的文献开始关注不同地区的治理环境对终极控制人行为及公司价值的影响。

樊纲、王小鲁等（2003）的研究发现，在治理环境好的地区，通常政府干预也较少，法治水平较高。朱滔（2006）也认为，治理环境好（包括要素市场、产品市场、法治水平等）的地区，通常市场化程度较高、法治水平较高、政府干预也较少。这表现在，市场发展相对更加完善，产品市场、要素市场的竞争也更为激烈；公司行为更容易受到来自内部和外部各种监管力量的约束，管理层

① 市场化是指我国从计划经济向市场经济过渡的体制改革，不是一项简单的规章制度的变化，而是一系列经济、社会、法律，乃至政治体制的变革（樊纲、王小鲁等，2003）。

被更替的可能性更大，上市公司对中小股东利益侵害的程度也相对更轻；政府会更少地将社会性负债转嫁到其控制的上市公司中，也更可能约束自身的行为，较少侵占上市公司的利润。而在一个治理环境相对落后的地区，政府对公司的干预程度较高，政府出于发展地方经济、解决就业问题、改善当地形象等目的，会利用上市公司从证券市场获得资源，以实现其自身的社会性目标。Fan Wong and Zhang（2007）分析了地区发达程度与政府干预上市公司经营之间的联系，发现在经济不发达的地区、失业率较高的省份，政治家更多的担任了上市公司的高管人员。Li、Chen and Su（2005）分析了政府官员在民营企业控制的上市公司任职的问题，他们认为，在那些财政赤字较高、地方乱收费较严重的地区，民营企业控制的上市公司中政府官员更多，这是为了在产权不受保护的情况下，通过与政府的密切关系来保护自己的公司。

通过对上述文献的分析我们可以看出，虽然国有企业经过一系列的改革，特别是改制上市后，客观上剥离了原国有企业的非经营性资产和社会性负担，“纯”化了国有上市公司的经营目标，同时信息透明度的提高也增加了政府干预上市公司的难度和成本，但是国有控股上市公司仍然没有彻底摆脱政府的干预。

2.3 文献评述

2.3.1 对债务期限结构实证研究文献的总结

上述对公司债务期限结构影响因素进行研究的文献分别从公司特征、公司内部治理及制度环境的角度进行研究，逐步拓展了研究的视角，有助于我们对不同公司的债务期限结构做出合理的解释。其中，从公司特征角度对债务期限结构进行研究的文献表明：①大多数实证研究文献为代理成本理论、信号理论及期限匹配理论提供了证据，而与税收理论一致的实证结论较少。②影响公司债务期限结构选择的公司特征因素主要有：公司所处的行业、公司规模、公司成长性、自由现金流量、财务杠杆、异常盈余、信用风险、资产期限。③不同国家或同一国家内的不同地区，相同的公司特征因素对公司债务期限结构的影响存在差异。例如，国外的研究发现，公司资信等级越高，短期负债比率越高；而齐寅峰等（2005）的研究发现，资信等级越好的公司，长期负债比率越高。对于成长性与负债期限的关系，学者们也得出了不一致的结论。这说明，除了公司特征因素外，还存在其他影响债务期限结构的因素。而后来的研究表明，这些影响因素包括制度环境因素及公司内部治理因素，因此从公司治理及制度环境角度展开的实证研究进一步拓展了对公司债务期限结构影响因素的研究。另外，从公司特征角度对债务期限进行研究的文献存在一个共同的假定：股东具有同质性或股东与管理者之间具有完全一致的利益。实质上，具有不同股权结构的公司，股东之间及股东与管理者之间对公司的剩余索取权并不相同，从而导致了控股股东与中小股东之间及股东与企业经营管理者之间的利益冲突。为了缓和这种利益冲突，公司应有不同的债务期限选择，因此还应该放松这个前提条件进行更深入的研究。肖作平等（2007）从公司内部治理角度对债务期限结构进行的实证研究在一定程度上弥补了这个不足。

2.3.2　债务期限结构实证研究的不足与进一步研究的方向

如前所述，对影响债务期限结构选择的因素进行实证研究的文献，主要探讨一定制度背景下公司特征因素与债务期限结构的关系，较少的文献涉及公司内部治理因素对债务期限结构选择的影响，且主要关注管理者持股或大股东与债务期限结构的关系。事实上，公司治理的其他因素如董事会、高管人员的持股及人员的组成、背景等也会对公司的债务期限选择产生重要的影响，忽略这些因素的作用不利于对公司的代理问题作出合理的判断，还可能会影响对公司债务期限结构的合理解释。而且现有的研究文献主要关注经济制度和正式制度对公司债务期限结构选择的影响，对非经济制度和非正式制度的影响考虑较少。实际上，公司总是在其所处的社会结构中开展各种财务活动，公司财务行为的发生也是各种经济制度和非经济制度、正式制度和非正式制度共同作用的结果，忽视非正式制度对债务融资的影响，显然不利于对同一制度背景下处于不同社会结构和社会关系的公司债务融资及债务期限结构的差异性做出合理的解释。

在多层级控股方式下，并且公司的代理问题由股东与管理者之间的利益冲突转变为终极控制人与中小投资者之间的利益冲突的情况下，公司的实际控制人往往是公司的终极控制人，而不是公司的控股股东或公司管理者，终极控制人对公司债务期限结构的选择有重要影响，而且这种影响在我国股权高度集中、大多数上市公司仍由国家控制、在对债权人的法律保护较弱的环境下尤为突出。然而，当前较少有研究文献直接探讨终极控制人与债务期限结构选择的关系。

基于现有研究文献的不足，本书对终极控制人与债务期限结构选择的关系进行了研究。具体进行研究时，我们不仅要关注理性行动假设[①]下终极控制人内在的经济动机，即价值判断对债务期限结构的影响，还要考虑外在的经济制度与非经济制度因素，即事实判断对债务期限结构的影响。原因在于：一方面，作为上市公司的实际控制人，终极控制人既有动机又有能力来对公司的重要决策做出选择，以实现其目标。因此，作为公司重要决策内容的债务融资及债务期限选择在一定程度上是终极控制人意志的体现。另一方面，终极控制人的经济行为又是嵌入于社会结构中的，受其所处的社会关系的影响和制约，终极控制人既不是外在于社会环境，像原子化个人那样进行决策和行动，也不是固执地坚守其已有的社会规则与

① 理性行动假设意味着行动者不仅能够预设一个自利的目标，而且能够借助经济计算的智慧做出最佳的（利益最大化）选择。理性行动假设因此在实质上是一种自利最大化的行动假设。

信条开展活动，而是嵌入于具体的、当下的社会关系体系中并做出符合自己主观目的的行动选择（Granovetter，1985）。因此，还需要在人的理性选择中加进非经济动机和非经济因素尤其是社会结构因素对人的行动的影响（汪和建，2006）。

具体来说，我们从终极控制人的性质与经济动机两方面来研究其对上市公司债务期限结构的影响：一方面，从社会嵌入性角度（假定经济行为是社会定位的），探讨终极控制人性质这种产权制度安排及其所代表的政企关系这种非正式制度对公司的融资行为及融资结构的影响；另一方面，研究终极控制人及其在上市公司的持股情况或对上市公司的控制程度的差异而产生的经济动机对上市公司债务期限结构的影响。此外，还要考虑社会关系对终极控制人的经济动机的影响，即在终极控制人的理性选择中加进终极控制人性质这种社会制度因素后对债务期限结构的影响。

3 制度背景分析

中国上市公司的融资行为与中国特有的制度背景紧密相连，因此，本章主要考察与公司融资行为相关的内外部融资环境，从而为解释公司债务期限结构的选择提供现实背景和理论依据，这也有助于我们深入了解公司债务期限结构影响因素背后的经济力量。

本章的内容安排如下：第 1 节介绍导致中国债务期限结构客观差异性的宏观制度背景，主要涉及国有企业产权改革的历程及财政分权改革两部分内容；第 2 节介绍中国债务融资的制约机制，主要包括与债务融资有关的市场环境和法律法规两部分内容；第 3 节介绍中国多层级控股方式产生的背景及中国的股权特征，从企业的微观层面提供有关终极控制人行为动机的制度背景；第 4 节分析中国上市公司债务期限结构的特征。

3.1 国有企业改革与政府干预

3.1.1 国有企业产权改革与预算软约束

为了改变高度集中的计划经济体制下的国有企业制度，实现政府职能同社会行政职能的彻底分离，自 1978 年以来，中国政府进行了一系列的组织创新和制度变革，这种组织结构方式确实促进了政府行政干预职能同企业经营管理职能的分离，对提高企业的经营效率起到了一定的积极作用。但是，对于政府部门来说，其不仅要关注经济目标，更要考虑经济发展战略、税收、就业、社会稳定等社会目标。当政府没有办法通过自身能力解决这些问题的时候，其就可能通过行政干预[①]的方式由其所控制的国有企业来帮助其去实现，从而不可避免地导致预算软约束问题[②]。

1）国有企业改革演变

目前，中国大多数上市公司都是由大中型国有企业改组改制而来的，私营企业上市数量较少。所以，对大多数上市公司的前身即国有企业的制度变迁进行考察是非常有必要的。从一定意义上说，中国上市公司的制度变迁是中国国有企业制度变迁的一部分。因此，深入地考察中国国有企业改革的历程，有助于我们对中国上市公司的融资行为做出更合理的解释。中国企业制度的演变情况大体如下：

（1）改革的第一阶段——“放权让利”阶段（1978—1984 年）

这一阶段的改革主要集中在国有企业的经营权层面。1978 年 12 月，党的十一届三中全会确定把全党工作的重点转移到现代化建设上来，从而拉开了国有企业改革的序幕。当时的国有企业存在着比较严重的政企不分、所有权和经营权不分的问题。政府不仅掌握国有资产所有权，而且控制经营权，对企业管得过多，统得过死。企业没有经营自主权，普遍缺乏活力。针对这些问题，中央政府进行了一系列的改革，主要内容涉及四个方面：①政府于 1979 年颁布了一系列文件，下放部分权力，扩大企业自主权。企业在国家计划约束范围内，取得了一定的生产自主权、原料选购权、劳动用工权和产品销售权等。②实行责、权、利相结合的经济责任制，建立企业经济核算制。从 1981 年开始，在国有企业推行经济责任制，并根据所有权和经营权适当分离的原则和不同行业的特点，实行不同的经济责任制形式。对军工、铁路、航空、海运、电力、邮

① 本研究对政府干预的界定是中性的，既包括影响企业正常生产经营、干预企业自我决策的掠夺行为，也包括政府对企业的政策倾斜、税收优惠、提供补贴等援助行为。

② 科尔奈提出，在社会主义国家，国有企业若发生亏损，政府会以追加投资、税收减免和提供财政补贴的办法来扶持国有企业，该现象称为“预算软约束”。

电、银行和部分骨干企业实行“国家所有，部门或国家经营”；对绝大多数商业企业实行“国家所有，企业经营”；对部分大型骨干企业实行“国家所有，企业承包经营”；对部分国有小企业实行“国家所有，集体或个人承包或租赁经营”。③出台“两步利改税”的措施，把过去国有企业上缴的利润改为按照国家规定的税种和税率缴纳税款，税后利润部分归企业支配，以调动企业生产经营的积极性。④对投资体制进行改革，开始实行“拨改贷”，把基本建设投资由过去的财政拨款改为银行贷款，从而把资金无偿使用改为有偿使用，以增强企业的责任心。

上述改革在当时取得了明显成效，大大调动了企业发展生产、自主经营的积极性，促进了国民经济增长。但这种改革存在着根本性缺陷：其改革是在不触动企业财产关系的前提下进行的行政性分权、让利，仅仅是经济利益的重新分配，仅仅是一种激励层面的制度调整，企业的性质仍然是全民所有制和集体所有制，产权制度并无实质性变化。由于企业的自主权是由政府机关和领导人决定的，他们可以给予，也可以收回，因此企业的自主权往往难以落实；同时，由于政府目标和企业目标很可能发生冲突，也使得政府很可能随时改变决定，甚至收回已经下放的权力。所以，“放权让利”不能解决国有企业的矛盾和问题。

（2）改革的第二阶段——两权分离阶段（1985—1990 年）

在这一阶段，改革从经营权向所有权层面过渡。1984 年 10 月，党的十二届三中全会通过的《中共中央关于经济体制改革的决定》提出了国有企业所有权与经营权适当分离的基本思想。会议重新确立了国有企业改革的目标模式，这就是：要使企业真正成为相对独立的经济实体，成为自主经营、自负盈亏的社会主义商品生产者和经营者，具有自我改造和自我发展的能力，成为具有一定权利和义务的法人。围绕这一目标，从 1984 年年底，国有企业改革进入了一个新的阶段，其主要特点是：提出了“两权分离”的改革原则，试图以此促进政企职责分开和国有企业向市场主体的转变。这个阶段改革的主要内容有两项：一是实行两权分离，搞活国有企业，具体形式是承包制、股份制、租赁制等；二是把计划调节与市场调节结合起来，让国有企业更多地利用市场机制，具体形式是1985年出台的生产资料“价格双轨制”以及“调放”相结合的价格改革。

但是在这一阶段的改革中，国有企业的所有权仍属于国家，这导致了以下两个问题的存在：一是企业的短期行为，为眼前利益而消耗各种资源，不考虑长远利益；二是企业负盈不负亏，即盈利时可以得到各种好处，积极性高，亏损最终仍由国家承担。因此，在不触动所有权基础的前提下，片面地以增加激励为目标的改革很快又陷入了非常尴尬的境地。到20世纪90年代初，中国国有企业大面积亏损、效益低下，并且由于这种亏损的企业资金来源于银行贷款，从而连带造成了银行整体资产的恶化，这直接导致了中国以所有权为基础的股份制改革。

（3）改革的第三阶段——股份制试点阶段（1991—1992年）

中国企业的股份制试点最初（1991年以前）只是在少数地方进行，并且组建的股份制企业大多是原始的、不规范的。自1991年开始，股份制试点明显扩大，尤其是1992年以后，股份制试点出现高潮，并步入规范化发展的阶段。1992年，《股份制试点企业办法》《股份有限公司规范意见》《有限责任公司规范意见》等规章相继出台，这些都使得股份制试点走向规范化。股份制试点在转换企业经营机制和推动企业制度创新方面取得了明显的效果：明确界定了国有资产产权；试点企业在一定程度上已实现了企业所有权、法人财产权和经营权的分离；建立了股份公司的法人治理结构。正是从这一阶段开始，多元化的股权结构开始出现，尽管在运作上还很不规范，但是股权结构通过公司治理对企业的运营产生了影响。

（4）改革的第四阶段——建立现代企业制度阶段（1993—1996年）

1993年11月，党的十四届三中全会做出了《关于建立社会主义市场经济体制若干问题的决定》。《关于建立社会主义市场经济体制若干问题的决定》明确提出，国有企业的改革方向是建立现代企业制度，这标志着国有企业改革进入了制度创新的新阶段。1994年年初，国家选择了100多户大型骨干企业建立现代企业制度试点。各试点企业合理选择改制形式，制订试点实施方案，具体形式主要是把原来实行工厂制的国有企业区分不同的情况进行公司制改造，分别改造为国有独资公司和多元股东持股的公司，多元股东持股的公司又包括股份有限公司和有限责任公司。1996年，提出对国有企业实行“抓大放小”的改革思路，即政府要抓住大型国有企业，重点办好大型国有企业；放开搞活中小型企业。从整体上搞好国有经济，而不是也不可能搞好每一个国有企业。

1993年12月29日，《中华人民共和国公司法》（以下简称《公司法》）颁布，并于1994年7月1日起施行。《公司法》规定，股东以其出资额对企业负有有限责任，同时享有相应权利。这可以较好地解决政企不分的问题。国家作为经济管理者，面向全社会行使其经济管理职能，不再对企业的具体经营活动进行干预；同时，国家作为国有资产所有者，由于享有最终所有权，因此按照投入企业的资本额享有所有者权益，对企业债务只负有限责任，对企业的具体经营活动不能进行直接干预。所以，建立现代企业制度，实质上明确了国家对国有企业的管理是以股东的身份进行的，国家对国有企业进行管理的理由是国家对国有企业中国有股的持有，而不再是因为国有企业是国家的附属机构。这样就从产权这一层次上明确了政企分开的原则。

公司制改组形成了企业内部的制衡机制，在精简管理机构的同时，企业的决策水平和管理水平也不断提高。但是，从总体上看，有的企业在试点中存在着运作不规范的倾向，主要问题有：一是产权关系不清晰，落实企业法人财产权困难重重；二是解决高负债、人员冗余、企业办社会问题仍然任重道远；三是政府职能转变滞后，某些政府部门仍然用管理国有企业的办法对待改制后的公司制企业，符合市场经济要求的经营国有资产的管理监督和运营体系尚未建立起来；四是部分试点企业法人治理结构的组建和运作不规范，董事会与经理班子成员基本重合，集团公司的管理机构和下属主要子公司一套人马，权力机构、决策机构、执行机构和监督机构的权、责未能到位，各个机构之间的有效制衡机制尚未形成；五是部分企业由于在试点触及深层次矛盾时出现的阻力和冲突，存在畏难情绪，采取回避态度，使得改革进程放慢。

（5）改革的最新阶段——战略性调整阶段（1997 年至今）

随着市场化进程的加快和国民收入分配结构的改变，国家拥有的资本越来越不足以支撑巨大的国有经济的“盘子”。从国有经济的分布来看，由于国有资本分散于过多的企业和行业，因此国有经济的“盘子”虽大，单个企业的资金却很少，以致不能实现规模经济，难以进行重大技术更新，竞争能力很差。与此同时，国家应予以保障的领域却因财力分散而无法加以保障。而且，片面追求高覆盖率也导致了国有企业的管理水平难以同步提高。1997 年 9 月，中国共产党第十五届中央委员会第四次全体会议通过了《关于国有企业改革和发展若干重大问题的决定》，确定了公有制的主体地位及其具体表现形式，提出要从战略上调整国有经济布局，抓大放小，对国有企业实施战略性重组。同时，在《关于国有企业改革和发展若干重大问题的决定》中，第一次提出了“国有股减持”的指导方针。2002 年 11 月，党的十六大报告提出要继续调整国有经济的布局和结构，改革国有资产管理体制。对于关系到国民经济命脉和国家安全的大型国有企业、基础设施和重要自然资源等，由中央政府代表国家履行出资人职责；其他国有资产由地方政府代表国家履行出资人职责。中央政府和省、市（地）两级地方政府设立国有资产管理机构。2003 年 10 月通过的《完善社会主义市场经济体制若干问题的决定》中则明确提出，“进一步推动国有资本更多地投向关系国家安全和国民经济命脉的重要行业和关键领域，增强国有经济的控制力。其他行业和领域的国有企业，通过资产重组和结构调整，在市场公平竞争中优胜劣汰。发展具有国际竞争力的大公司大企业集团”。2004 年 2 月，《国务院关于推进资本市场改革开放和稳定发展的若干意见》（国发〔2004〕3 号）明确指出，“积极稳妥解决股权分置问题。稳步解决目前上市公司中尚不能上市流通股份的流通问题。在解决这一问题时，要尊重市场规律，有利于市场的稳定和发展，保护投资者特别是社会公众投资者的合法权益”。2005 年 4 月 29 日，经国务院批准，中国证监会下发了《关于上市公司股权分置改革试点有关问题的通知》，正式启动股权分置改革试点工作。这标志着对困扰中国资本市场多年的股权分置问题的解决拉开了序幕。截至 2006 年 8 月，股权分置改革已接近尾声，这一中国股票市场上的历史性难题终于平稳顺利地得到了解决。市场普遍认为，股权分置改革完成后，中国资本市场将在规则体系、市场功能、股东行为、融资方式选择、公司治理、市场有效性和投资理念等多个方面发生全方位的深刻变革，并由此进入一个新的发展阶段（吴晓求，2006）。

上述国有企业改革的大体演变过程意味着，自经济体制改革以来，随着企业由计划经济向有计划的商品经济乃至社会主义市场经济体制的转变，企业制度也逐渐从经济责任制、承包制最终向公司制演变。国有企业改革的方向主要体现在以下几个方面：首先，从国有经济控股的领域来看，从所有行业中单一的国有经济到国有经济只在属于国民经济命脉的行业中占主导地位，而在其他一些行业中，非公有制经济逐渐进入；其次，从控股方式来看，不再强调控股比例的绝对数，相对控股也为政府所倡导；最后，国有企业改制过程中强调实现产权主体多元化和规范法人治理结构，以形成有效的制衡机制（李胜楠，2006）。

2）国有企业改革与国家预算软约束

中国的国有企业改革对改善政企关系、提高企业经营效率、促进经济发展起到了重要作用，但是在产权国有的性质下所进行的改革，不可避免地会导致政府的干预行为，这也是导致国家预算软约束的原因。对此，林毅夫等（1997、1999、2004）从政府或国家的责任归属角度解释了社会主义和转轨经济中预算软约束盛行的原因。他们认为，传统的斯大林模式的集中计划经济是为了赶超战略而设计的，而这类国有企业往往不具有比较优势，因此不具备自生能力。由此，国有企业存在着两方面的政策性负担：战略性政策负担与社会性政策负担。战略性政策负担是指在传统的赶超战略的影响下，投资于中国不具有比较优势的资本密集型产业或者产业区段所形成的负担；社会性政策负担是指国有企业承担过多的冗员和工人福利等社会性职能而形成的负担。所以，社会主义政府只好扭曲绝大多数资源和产品的价格，使用行政手段按计划分配这些资源和产品来进行扶持。但是，由于存在信息不对称和计划协调的问题，因此政府的投资决策往往是错误的，经营不免失败。政府当然应该对企业的经营失败负责，采取的手段往往是追加信贷和提供其他援助，预算软约束就这样产生了。这种预算软约束由于企业经营者所掌握的信息优势和利己倾向而更为加剧①。在向市场经济转轨以后，许多战略性企业在市场中仍然没有自生能力，出于战略目的，政府仍需要对这些企业提供支持，而且，转轨经济中绝大多数国有企业承担了许多政策性负担，政府对政策性负担负有责任。企业亏损时，政府同样有责任给予补贴，预算软约束就这样继续存在下去。从企业本身的角度来说，在国有企业改革过程中，为了保证国家改革政策和改革措施的顺利贯彻执行，为其他成分的非国有经济发展创造外部条件，具有特殊经济地位的国有企业往往会以牺牲自身的利益为代价来承担这种改革的社会成本，正是这种承担改革成本的理由，成为国有企业通过各级政府向财政和银行索要各种补贴

① 李稻葵（2004）在从内部人控制的角度研究预算软约束产生的原因时认为，改革开放以来，中国国有企业的经营自主权扩大了，国家和政府的控制作用减少，造成治理结构中产权结构虚化，很多企业事实上由内部人控制。内部人控制有两方面的含义：一方面，内部人可以通过利用对企业的控制权为自己谋取私利；另一方面，当企业面临困难时，内部人由于对企业控制权及其相关利益的重视，会想尽各种办法，以寻求政府的支援，或者通过利用私人关系进行融资等手段以挽救垂危的企业。

和银行贷款的筹码（林毅夫，2004；张晖、倪桂萍，2007）。

上述国有企业所固有的预算软约束问题意味着，当企业经营陷入困境、资不抵债时，政府可能会对其进行“援助”，帮助企业走出困境。

3.1.2 财政分权改革与政府干预信贷行为

中央政府与地方政府的一个重要分权是财政上的权力分配。1979 年以前，中央政府和地方政府的财政关系是统收统支，地方政府获得的 80% 的收入要上缴给国家。从 1980 年开始，中央政府和地方政府的财政关系有较大的改革。其中，1980—1993 年为财政承包制，中央政府和地方政府之间需要签订相对较长期限的承包契约（如 5 年制）；而从 1994 年开始施行了分税制，中央政府和地方政府通过税收形式进行收入分配，分税制改革的其中一项主要内容是，中央政府允许地方政府在完成财政包干后，100% 留存剩余的财政收入，这彻底改变了中央政府与地方政府的财政收入格局。

1） 分税制改革

为了进一步理顺中央与地方的财政分配关系，更好地发挥国家财政的职能作用，增强中央的宏观调控能力，促进社会主义市场经济体制的建立和国民经济持续、快速、健康的发展，1993 年 12 月 15 日，国务院颁布了《关于实行分税制财政管理体制的决定》，并从 1994 年 1 月 1 日起正式施行。分税制改革是政府分权改革中重要的制度安排，分税制改革中涉及的中央与地方财政收支的内容如下：

（1） 划分中央与地方事权和财政支出

分税制改革将政府事权与财政支出范围在中央与地方之间进行了初步划分。其中，中央财政主要承担国家安全、外交和中央国家机关运转所需经费，调整国民经济结构、协调地区发展、实施宏观调控所必需的支出以及由中央直接管理的事业发展支出。地方财政主要承担本地区政权机关运转所需支出以及本地区经济、事业发展所需支出。具体包括：地方行政管理费，公检法支出，部分武警经费，民兵事业费，地方统筹的基本建设投资，地方企业的技术改造和新产品试制经费，支农支出，城市维护和建设经费，地方文化、教育、卫生等各项事业费，价格补贴支出以及其他支出。

（2）划分中央与地方财政收入

分税制根据事权与财权相结合的原则，按税种划分中央与地方的收入。将维护国家权益、实施宏观调控所必需的税种划为中央税；将同经济发展直接相关的主要税种划为中央与地方共享税；将适合地方征管的税种划为地方税，并充实地方税税种，增加地方税收收入。其中，中央固定收入包括：关税，海关代征消费税和增值税，消费税，中央企业所得税，地方银行、外资银行及非银行金融企业所得税，铁道部门、各银行总行、各保险总公司等集中缴纳的收入（包括营业税、所得税、利润和城市维护建设税），中央企业上缴利润等。地方固定收入包括：营业税（不含铁道部门、各银行总行、各保险总公司集中缴纳的营业税），地方企业所得税（不含上述地方银行、外资银行及非银行金融企业所得税），地方企业上缴利润，个人所得税，城镇土地使用税，城市维护建设税（不含铁道部门、各银行总行、各保险总公司集中缴纳的部分），房产税，车船税，耕地占用税，契税，遗产和赠予税，土地增值税，国有土地有偿使用收入等。中央与地方共享收入包括：增值税、营业税、资源税、印花税。其中，增值税中央分享 75%，地方分享 25%。

分税制改革强化了税收的征收管理，提高了中央财政收入在总财政收入中的比重，但是分税制改革对中央与地方政府的事权划分并未做出较大的调整。

2）分税制改革与政府干预信贷行为

1994 年的分税制改革在彻底改变中央与地方政府财政收入格局的同时，却没能相应调整中央与地方的财政支出责任，从而使得分税制改革后，财政收入更多地集中于中央政府，财政支出负担仍然留给了地方政府，地方政府面临沉重的财政收支压力，从而导致了地方政府加强对银行信贷决策与信贷行为的干预。同时，地方保护主义以及政府的业绩考核机制均强化了地方政府的这种行为模式。因此，财政分权改革最终加强了地方政府干预银行信贷资源的动机和强度（黎凯、叶建芳，2007）。这种制度环境将深刻地影响企业的融资行为和融资效果。

（1）地方政府的财政压力

目前，中国政府实行五级行政规划（中央、省、地级市、县和乡镇），各级政府由其上一级政府直接领导。分税制改革以后，地方政府（省级和省级以下行政单位）在调整地方政策和管理财税资源方面被赋予了相当大的权力，但是，由于分税制改革在集中收入的同时，却没有调整支出责任的划分，中央政府甚至利用自身在政治与行政上的权威地位，将一些财政支出项目下移到各级政府，这无疑加重了地方政府的财政负担。世界银行的一份报告指出①，2004 年，中国大约 70% 的公共开支是由省级政府支出的，其中超过 55% 的公共开支是由省级以下政府支出的。

1994 年的分税制改革使中央政府在不减少地方财政支出的情况下将“财权上收”，在这种机理的传导下，财权上收和事权下移发生在各级政府，出现了财权层层集中、事权层层下放、集权与分权交织的现象，最终造成财政支出的过度分权，地方政府的财政收入与支出不对称，纵向财政失衡日益严重。但是，毋庸置疑，地方政府在提供教育、医疗卫生、社保、住房和城镇服务等社会服务方面发挥着非常重要的作用，而财政来源的不足会导致大量的资金缺口。财政和金融作为政府汲取社会资金的两个主要渠道，地方政府在财政能力不足时，往往通过加强对金融信贷部门资金流向的干预

---

① Jorge M, Baoyun Q, Shuilin W, and Heng-fu Z. China decentralization finance issues: lessons from international experiences [M]. Washington, D. C.: Development Research Group, World Bank, 2006.

来保障正常行使其政府职能，靠金融功能的财政化来替代弱化的财政功能（周立，2005）。因此，财政收支压力的增大不可避免会导致地方政府的金融干预行为。

（2）地方政府的保护主义行为

对于地方政府来说，虽然分税制改革使得地方政府获得了更多的财政自主权和经济管理权，但由于分税制改革在彻底改变中央与地方政府财政收入格局的同时，没能相应调整中央与地方财政支出的责任，财政支出的负担仍然留给了地方政府，使得地方政府面临沉重的财政压力，从而导致地方政府的利益与其所控制的企业的利益更紧密地联系在了一起。例如，Jin、Qian and Weingast（1999）的研究发现，在财政体制改革前，中国各省的财政收入与财政支出的相关系数仅为0.18，而在财政体制改革后，相关系数高达0.75，这意味着在财政体制改革后，地方政府要扩大财政支出，就必须通过各种渠道扩大本地收益，从而使得地方政府有动机去保护作为其税基的当地公司及作为其政治权力基础、私人收益以及财政收入来源的国有企业（Bai et al.，2004），最终加强了地方政府竞争资源的动机。这种动机在行动上体现为对地方政府所控制的企业的支持以及地方保护主义行为。Poncet（2005）对中国市场的分割问题进行了度量与分析，发现地方政府通过阻碍其他省份产品进入本地市场的方式保护本地企业的利益与本地就业，以实现本地财政收入的最大化。

虽然地方保护主义行为在分税制改革之前就已经存在，但分税制改革在建立了更为完善的税收征管体系后，无疑将会引发更为严重的地方保护主义行为。金融部门作为聚集和分配社会资金的主要渠道，无疑是地方政府用来保护当地企业、发展当地经济的重要工具，地方政府甚至会为了保护当地经济而扭曲金融市场的运行。因为对于地方政府来说，支持地方国有企业从信贷市场获得资源，不仅符合国家宏观经济政策，还可以减轻财政负担、解决就业问题、促进经济发展，并给政府官员带来大量可直接控制的资源。同时，地方政府也有可能将发展地方经济、解决就业问题等政策性负担强加于其所控制的上市公司（夏立军、方轶强，2005；黎凯、叶建芳，2007；朱红军等，2007）。这更加强了地方政府干预银行信贷资源的动机和强度（朱恒鹏，2004）。

（3）政府业绩考核机制

自 20 世纪 80 年代初以来，人事任免制度（任期制）与业绩考核方式的变化，使得地方政府的竞争不再单纯限于经济利益上的竞争，也促使地方政府官员出于自身政治晋升的考虑而对当地金融部门的信贷决策和信贷行为进行干预（周业安，2003；周黎安，2005；张军、金煜，2005 等）。

在中国目前的行政体制下，中央政府与地方政府之间的关系可以用委托代理模式加以刻画。在这种关系中，地方政府实际上面对的是一个来自中央政府的多任务委托合同，其中既包括经济增长、税收增加、农民增收等经济目标，又包括环境保护、社会安定、下岗职工再就业等社会目标。在信息不对称等因素的影响下，中央政府对地方政府的考核就会出现很大的困难：一方面，地方政府公共职能的实施只能由当地居民感受到，在居民流动性受到各种限制的情况下，当地居民的主观感受在很大程度上要通过地方政府本身向上传递，这就很难杜绝地方政府的隐瞒和扭曲信息的行为；另一方面，渐进式改革要求政府逐渐退出经济领域，在退出过程中，政府仍掌握了大量的经济资源，中央政府不可能有足够的能力直接配置这些资源，必须通过地方政府来实施资源配置。在这两方面因素的作用下，中央政府考核地方政府的有效办法就是采用经济指标，通过就业、增长、税收等经济指标来间接地传递政治意图（周业安，2003）。同时，由于缺少信息且不易辨别地方政府的利益，因此这些经济指标在经济转型期间，自然成为影响地区发展的关键变量（陈冬华，2003）。在这种绩效考核的压力下，地方政府有足够的动力利用信息传递链条过长的问题对中央政府隐瞒信息，或者主要致力于提升政绩考核指标，如地区 GDP 增长率、大型工程项目、市政建设等。

加入任期因素后，地方政府的干预行为就更为强烈了。由于信息传递链条过长和监督约束不力，因此地方政府具有强烈的机会主义冲动和任期机会主义倾向。与企业剩余索取权不同，任期制使得地方政府对财政收入的获取不一定具有连续性，地方官员只有追求再任命，才有机会享受税收剩余，而决定再任命的可能因素包括地方对政绩考察指标的完成情况、辖区公众的反应和辖区社会形象等。政绩考察是当期的，但对当地金融资源剥夺的后果却不会立即表现出来，这就使得地方政府可以通过银行来为自己的利益服务。一方面，地方政府可以用优厚的“配套”条件或其他因素来诱使银行在本地投入金融资源；另一方面，地方政府通过默许、容忍本地企业用展期、拖欠，甚至逃废债务的方式来攫取全国性金融资源（巴曙松等，2005）。

GDP 的政绩考核指标导向和地方政府官员的任期机会主义行为，不仅加重了地方保护主义行为，同时由于地方政府官员对自身政治收益的追逐，也不可避免地导致了地方政府投入大量资金建设所谓的“政绩工程”。在地方财政紧张，无法为“形象工程”提供更多资金的情况下，政府通过干预银行信贷来摆脱资金上的约束在实际中成为必然。

3.2 债务融资的市场环境与法律制度

3.2.1 中国证券市场的产生与发展

中国证券市场的建立与国有企业改革紧密相连。在国有企业改革的第一阶段实施“拨改贷”之后，国有企业的资产负债率直线上升。由于预算软约束的存在，银行出现了大量的呆账坏账，国有企业的经营普遍处于困境当中。在两权分离的改革阶段，在不触动所有权基础的前提下，片面地增加以激励为目标的改革也很快陷入尴尬境地，从而导致国有企业大面积亏损。同时，这种亏损由于企业的资金来源于银行贷款，因此连带造成了银行整体资产的恶化。而国有企业内部呈现出行政干预下的内部人控制的治理特征（张春霖，1995），这一治理特征导致国有企业经营低效率，即行政干预导致国有企业经营目标多元化（如承担社会性负担），而内部控制人容易将经营失败说成是政策性亏损，从而导致财务软约束（林毅夫等，1997）。在严峻的现实面前，经济体制改革，特别是企业所有权改革出现了突破。以所有权为基础的股份制改革正是在这样的背景下展开的，最初是在少数地方的股份制试验，接着是在全国范围内的正式试点。股份制的推出不仅缓解了政府通过银行向国有企业输血的压力，也有助于国有企业向现代企业制度发展。因此，中央政府要求全面推广以股份制为模版的现代企业制度，明确提出证券市场的发展要为国家重点国有企业改革服务。最终，中央政府确认股份制是公有经济的重要实现形式，并决定对整个国有经济实施战略性调整。股份公司的产权构成开始真正向多元化发展。

有股份制企业就有股权转让，就需要证券市场。个别地方在进行股份制试点的同时出现了一些地方性的证券交易所，如在成都、武汉、济南、广州等地自发或由地方政府安排出现的金融服务公司、产权交易中心等场所（这些场所在全国性证券交易所成立后逐步撤销），以解决股份流通问题。1990 年 11 月，上海证券交易所成立；次年 4 月，深圳证券交易所成立。这两个证券交易所的成立标志着中国证券市场的基本框架已经建立，证券市场也以其直接、巨大的筹资功能得到正式承认，但这时的筹资功能转而定位为为国有企业和国有经济脱困服务。为此，政府开始以额度审批这一最具计划特征的手段管理最能体现市场经济选择的股票发行与交易，在企业股份制改造和上市交易方面强调重点扶持国有企业，特别是大中型国有企业。但是国有企业在股份制改造和上市前后出现的一系列国有资产流失、业绩滑坡、价格欺诈、内部交易等问题，使人们意识到长期困扰国有企业的资源配置、激励与责任匹配等问题绝不是通过股份制改造、国家所有权形式的转换和简单引入新股东就能解决的。国有企业改革的思路因此得到拓展，明确了保护国有产权并不意味着不能股权多元化和自由流通，这加深了人们对市场经济制度的认识。从20世纪90年代末开始，证券市场为国有经济服务的提法有所淡化，股票发审制度向核准制转变，民营企业、三资企业上市的通道被打开。更重要的是，证券市场的功能得到挖掘，比筹资功能更重要的资源配置调整、公司监督等功能正引起越来越多人的重视，上市公司得到了较大的发展。

可见，中国证券市场是以国有企业改革为发端，以社会经济体制改革为前提，同时肩负着缓解银行坏账压力、为国有企业解困脱贫和完善治理结构的任务逐步建立起来的。证券市场的建立和发展除了是一种制度的引进外，在多数情况下是一个改革问题，或者说是为某一阶段的改革目标服务的问题。企业改革特别是国有企业改革思路的变化决定了证券市场在不同时期的定位，这也是导致当前中国上市公司股权融资比例高而债务融资比率低，甚至企业偏好股权融资的主要原因。

3.2.2 企业债券市场

企业债券市场是证券市场的重要组成部分，债券融资是市场经济体制下企业进行直接融资最重要的渠道之一。由于采取债券融资方式不会改变股本结构，许多西方国家的企业在融资时都首选发行债券，因此每年企业债券的发行量一般都大于公司股票的发行量，并形成了一个十分活跃的二级市场。中国的债券市场虽然起步较早，但发展缓慢，无论与发达国家、发展中的亚洲国家，还是与中国其他金融工具相比，其发展都严重滞后，还远远不能适应经济发展的需要。

1）中国债券市场的发展历程

中国债券市场的发展经历了一个由计划管理模式向市场调控模式转变的过程，其作为资源配置、政府宏观经济调控手段的作用日益增强。但从发行规模上来看，国债仍然居于主要地位，其次是金融债券。近年来，企业债券有了恢复性的发展，不过，相对于国债、金融债和股票等发行市场，企业债券发行市场仍明显落后。下面对中国债券市场的大体发展历程进行简单介绍①：

（1）开始发行企业债券（1983 年）

中国于 1983 年开始发行企业债券，当时的发行主体主要是大型国有企业，行业主要集中在交通、能源以及通讯上。

（2）萌芽阶段（1984—1986 年）

1984—1986 年是中国债券市场的萌芽阶段。部分企业自发地开展向社会或内部集资等类似企业债券方式的融资活动。到 1986 年年底，共发行约 100 亿元。政府对此未加以规范管理，也没有制定相应的法律法规。

（3）初步发展阶段（1987—1992 年）

1987—1992 年是中国债券市场的初步发展阶段。1987 年 3 月，中国首次颁布实施了《企业债券管理暂行条例》。从 1989 年到 1992 年，中国下达企业债券发行计划分别为 75 亿元、20 亿元、250 亿元和 350 亿元，发行规模迅速扩大，并发展了国家投资债券、国家投资公司债券、中央企业债券、地方企业债券、地方投资公司债券、住宅建设债券及内部债券七个品种。

（4）整顿阶段（1993—1995 年）

1993 年，中国为制止企业债券市场乱集资、乱拆借的现象，确保国债的顺利发行，施行了《企业债券管理条例》。由于治理整顿经济，企业债券发行计划改为新增银行贷款（债转贷），几乎停止发行企业债券。1993 年年初，企业债券发行计划为 490 亿元，实际仅发行 20 多亿元。从 1994 年开始，企业债券的品种归纳为中央企业债券和地方企业债券两个品种，当年发行仅 45 亿元。1995 年计划发行 150 亿元，实际发行 130 亿元。

① 借鉴上海证券交易所债券基金部 2006 年 11 月的报告内容。

(5) 规范发展阶段（1996 年至今）

1996 年以来，中国债券市场步入恢复和平稳发展阶段。1996—1998 年分别安排企业债券发行规模 250 亿元、300 亿元、380 亿元。国务院批准了中国证监会负责批准企业债券的上市，监管企业债券的交易活动，并监管可转换债券的发行、交易、托管和清算。1999 年，没有安排新的企业债券发行计划。2000—2005 年，企业债券分别发行 89 亿元、147 亿元、325 亿元、358 亿元、326 亿元和 654 亿元。

2）中国企业债券市场存在的问题

企业债券市场作为企业实现融资的基本手段，符合政府大力发展直接融资的要求，但在当前中国的融资体制下，企业债券市场差不多是整个金融市场中计划控制最严的市场。《公司法》和《企业债券管理条例》是目前发行债券可供依据的基本法律法规，均对企业发行债券的条件作了严格规定，这不利于债券市场的进一步发展。当前，中国企业债券市场存在的问题主要表现在以下几个方面：

(1) 债券市场整体环境比较差

从历史和现实看，中国的资本市场是一个以股票为主要品种的单一市场，相应地，资本市场的制度建设也是以股票市场为主导，重股市、轻债市，债券市场的制度建设无足轻重、步伐缓慢，制度供给严重不足。

(2) 多头监管，效率低下

中国的债券市场由多个机构分别管理，对债券的管理效率较低。企业债券的发行由发改委管理，金融债券的发行由人民银行管理；在交易所上市的债券由证监会监管，在银行间市场上市的债券由人民银行监管。

(3) 债券发行受到限制

目前，中国对企业债券的发行额度、发行企业数量等进行计划分配，而不是遵照市场经济规律决定企业债券的发行。譬如，企业债券的发行额度是由政府逐级分配的，国家分配到省，然后再逐级往下分配。另外，由于债券审批程序复杂、政策门槛高，目前发债企业主要集中在交通、能源、公用事业等具有相对垄断地位的特大型国有或国有控股企业上，而中小型企业尤其是民营企业基本上无缘参与企业债券融资。严格的行政管制导致企业债券的发行品种、规模、发行利率、偿还期限乃至资金用途等都被严格限制，这与企业的实际需求存在较大的差异。

（4）债权人法律保护不足

与股票市场相比，企业债券市场对于法律环境的要求更高，完善的法律环境对于企业债券市场的健康快速发展起着无法替代的作用。而从目前的情况来看，中国的法律体系对于企业债券投资者的保护明显不足，破产体系尚未建立健全，企业债券的安全性较低，从而使得债权人的利益得不到有效保障。这严重妨碍了中国企业债券市场的发展。

（5）信用定价机制失灵无效

目前，中国总体的信用环境较差，社会信用基础较为薄弱，评级机构的独立性和客观性还有所欠缺，不同类别甚至经营绩效和盈利预期差别较大的企业发行的企业债券都可获得 AAA 级信用评级，同一时段发行的企业债券的票面利率基本上相差不多，这既损害了投资者的利益，也破坏了企业债券的形象，不利于企业债券的进一步发展。

总之，中国企业债券市场发展缓慢、规模较小，企业债券总量偏低，不符合中国经济发展对债券融资的需求。这也是导致中国上市公司长期债务比重偏低，在债务所有权结构中债券融资较少，并且主要由银行借款和商业信用等私有债务组成的原因之一（肖作平、廖理，2007）。

3.2.3　有关债务融资的法律制度

对投资者的法律保护被证明是重要的，这是因为，当法律体系不完善时，内部人（控制股东/管理者）能轻易掠夺外部投资者的利益；而完善的法律，特别是有效的执法，使内部人以高昂的代价才能取得掠夺收益，从而抑制了掠夺行为的发生。因此，对公司内部人机会主义行为的监督要起作用，必须存在一个有效的法律体系来制止违法和加强违法补偿。20 世纪 90 年代，全球范围内掀起的公司治理运动，其核心就是通过修改公司法、破产法和证券法，并推出公司治理准则等来完善对投资者进行保护的法律体系，以提高公司治理水平，建立高效的资本市场。这些法律制度及其执法质量是开展公司治理和公司融资活动的基本要素保证（La Porta et al.，1997、1998、2000）。

对于中国上市公司而言，负债融资的来源单一，主要包括企业债券、银行贷款和商业信用，但是如上所述，中国对企业债券的发行有着非常严格的限制，并且债券市场发展滞后，因此我们主要探讨与银行借款有关的法律法规。当前，中国对上市公司负债融资的法律约束条款主要集中在《公司法》、《中华人民共和国证券法》（以下简称《证券法》）、《中华人民共和国商业银行法》（以下简称《商业银行法》）和《中华人民共和国企业破产法》（以下简称《企业破产法》）中。这些法律法规对规范经济运行、保护投资者利益做出了具体的规定。但就目前而言，这些法律制度都带有比较明显的制度缺陷。

我国《公司法》于 1993 年 12 月 29 日正式出台，并于 1994 年 7 月 1 日起施行。现行《公司法》由第十届全国人民代表大会常务委员会第十八次会议于 2005 年 10 月 27 日修订通过，自 2006 年 1 月 1 日起施行。《公司法》是在《股份有限公司规范意见》和《有限责任公司规范意见》的基础上形成的，对促进国有企业转变经营机制和规范公司运作具有重要作用，为国有企业和其他所有制企业改制、上市提供了重要的法律环境。但是，《公司法》对控股股东监督权的重视程度很不够。例如，《公司法》没有对控股股东应该对中小股东及债权人所承担的信托责任做出相应的规定，这使得控股股东在进行公司财务决策时较少考虑中小股东和债权人的利益。同时，根据《公司法》的规定，董事、监事代表的是股东的利益，这排除了债权人在公司正常经营条件下参加公司治理的法律途径。

我国《证券法》于 1998 年 12 月 29 日正式颁布，并于 1999 年 7 月 1 日开始实施。现行《证券法》由第十届全国人民代表大会常务委员会第十八次会议于 2005 年 10 月 27 日修订通过，自 2006 年 1 月 1 日起施行。《证券法》主要规定了对上市公司申请募股采取核准制，证监会等相关部门也相应地改革了信息披露的管理体制，由过去的实质审查转变为形式审查，从而强化了上市公司董事会及董事对所披露信息的完整性、及时性和真实性的责任。但是，《证券法》的条文更多的是立足于对市场主体不规范行为的限制，强调对行政监管手段的运用，对投资者诉讼的规定并未明确化，对控股股东掠夺外部投资者（中小股东和债权人）方面的内容没有详细的规定，没有为外部投资者提供可以自我实施的法律救济措施。同时，现行《证券法》的惩罚范围还不够大，少数大股东不能将上市公司告上法庭。

破产法律制度是保护债权人利益的重要法律保障，在公司无法偿还到期债务时，破产申请是债权人的一项重要权利，它使债权人可以从公司治理的相对被动的角色，转为相对主动的角色。当控股股东超越合理的有限责任的保护界限，利用公司名义为自己牟取私利，损害债权人或者公共利益的时候，就需要追究控股股东的法律责任，为受害人寻求法律救济。因此，破产法律制度的完善与否是衡量一个国家市场经济成熟程度的重要标志。我国《企业破产法（试行)》于 1986 年 12 月 2 日正式通过，自 1988 年 11 月 1 日起试行，这对于从计划经济向市场经济转轨过程中全民所有制企业的破产具有一定的指导意义。但是，1986 年颁布的《企业破产法（试行)》的立法思维、法律结构、条文内容和制度体系只适用于全民所有制企业，对其他性质企业的破产问题缺少可供具体操作的标准。2002年9月1日，最高人民法院颁布的《关于审理企业破产案件若干问题的规定》（以下简称《规定》）开始实施。该《规定》适应了国内经济的发展格局，突破了《企业破产法（试行）》仅适用于全民所有制企业的局限，首次将股份制公司纳入破产条例。但该《规定》的出台主要是解决人民法院在审理破产案件中的程序问题，涉及实体方面的内容不多，尤其是对于上市公司，许多实体方面的法律规定尚在研究之中，如关于证券欺诈的认定、违规上市公司的民事赔偿责任等，这也是导致郑百文重组案、猴王集团破产案等找不到破产法律依据，仍然通过各种途径得以在市场上存续的原因之一。2007年6月1日，酝酿多年的《企业破产法》终于正式开始实施，《企业破产法》打破了制约企业债券发展的主要瓶颈，改善了企业债券发展的金融生态环境，是企业债券发展过程中具有里程碑意义的事件。但是政府主导下的破产机制主要是用来保护国有资产的，而不是帮助国有企业走出困境的。困境中的企业很少会受到法庭的处理，多是由地方政府出面帮助其走出困境，因此《企业破产法》是否能够真正保护中小股东与债权人的利益还有待实践来证明。

另外，《公司法》和《证券法》对股票暂停上市或者终止上市的情形也作了具体规定。如《证券法》规定，上市公司有下列情形之一的，由证券交易所决定暂停其股票上市：①公司的股本总额、股权分布等发生变化，不再具备上市条件；②公司不按规定公开其财务状况，或者对财务会计报告作虚假记载，可能误导投资者；③公司有重大违法行为；④公司最近3年连续亏损；⑤证券交易所上市规则规定的其他情形。股票上市的终止情形与暂停情形基本相同，只是程度和要求上有差异。但是，由于缺乏实施细则和操作规程，尽管上市公司中有不少公司业绩不佳，有些公司甚至出现了重大违规事件，但在2001年2月《亏损上市公司暂停上市和终止上市实施办法》出台以前，没有一家公司因为经营不善而被摘牌。在连续亏损上市公司数量不断增多的情况下，证券监管部门不得不出台 ST、PT 交易制度作为退出机制的过渡，但事实上，“亏而不退”对亏损上市公司形成了某种政府担保，上市公司和投资者的风险意识反而因此下降。结果是，亏损公司不但未被勒令退出市场，而且由于“壳资源”的稀缺以及地方政府的扶持等，亏损公司反而成为市场上兼并、收购和重组的首选对象，从而导致资本市场上公司股票价格与公司业绩倒挂的现象屡屡发生，《公司法》和《证券法》等法规对违法、违规公司的有关制裁条款形同虚设。此外，上市公司的破产机制和退出机制在中国尚未真正建立起来，公司退出市场的标准实际上是一种“软约束”，它使得资本市场变成了一个只有进入控制而没有退出危险的单向运行市场，而且宽限期的存在助长了恶性投机行为，从根本上来讲，既不利于公司治理水平的提高，也不利于对债权人利益的保护。

《商业银行法》于 1995 年 5 月 10 日通过，自 1995 年 7 月 1 日起施行，并于 2003 年 12 月进行了修订，修订后的《商业银行法》自 2004 年 2 月起施行。《商业银行法》的制定是为了保护商业银行、存款人及其他客户的利益，该法对商业银行贷款和其他业务的基本规则进行了较为详细的规定，不仅规范了商业银行的行为，而且通过约束商业银行的业务也间接实现了对上市公司信贷融资的约束。例如，《商业银行法》第三十六条规定：“商业银行贷款，借款人应当提供担保。商业银行应当对保证人的偿还能力，抵押物、质物的权属和价值以及实现抵押权、质权的可行性进行严格审查。经商业银行审查、评估，确认借款人资信良好，确能偿还贷款的，可以不提供担保。”第三十七条规定：“商业银行贷款，应当与借款人订立书面合同。合同应当约定贷款种类、借款用途、金额、利率、还款期限、还款方式、违约责任和双方认为需要约定的其他事项。”第三十八条规定：“商业银行应当按照中国人民银行规定的贷款利率的上下限，确定贷款利率。”但是，该法规在约束银行业务及企业债务融资的同时，也引发了一些制度性的问题。例如，在信贷价格受到政府管制的情况下，易引发债务融资成本的相对刚性，使得商业银行在现有的宏观管理体制下，因为无法灵活运用价格杠杆而产生阶段性的流动性过剩问题，从而增加了信贷投放的压力。此外，在金融市场开放前的很长一段历史时期，由于银行产权公有的性质，不可避免地会导致政府的干预行为，从而使得处于垄断地位的国有银行因为对政府保护的预期而制约了其信贷供给效率的提升；而签订信贷契约后对债权人法律保护的不足又会导致银行监督乏力，进一步降低了企业出现财务危机的代价（戴璐、汤谷良，2007），这样的融资环境刺激了企业实际控制人将低效益状况下取得的债务资金继续低效益使用的动机，损害了债权人的利益。齐寅峰等（2004）在对中国上市公司债务期限结构的调查分析中，对债务融资的制度背景进行了简单介绍：中国企业的债务融资主要是银行贷款，贷款的期限不像发行债券一样可以自主决定，其中1年以上的固定资产贷款必须是获得国家批文的投资项目融资，严禁发放非项目贷款。因此，企业在长期债务的选择上受到了明显的制度性约束。

上述有关债务融资的法律法规的分析表明，从法律制定的角度来看，中国上市公司治理的外部法律环境已经相对完善，但实际上，由于高度集中的股权结构和上述法规在执行时的不彻底以及执法腐败现象，使得上市公司中小股东和债权人的利益仍然无法得到法律的有效保护，他们经常受到控股股东的掠夺。

综合上述对债务融资的市场环境与法律制度的分析，我们可以更深刻地了解中国上市公司债务融资的特点：第一，由于相对于股票市场而言，中国债券市场的发展缓慢，债券发行受到国家的严格限制，导致中国上市公司融资主要以股权融资为主，而负债融资比率很低；同时，由于债券市场发展滞后，因此企业的债务融资主要来源于银行贷款，而限于国家对银行发放长期贷款的严格限制，且近几年金融机构的市场化改革，使银行业的风险意识增强，出于对风险控制的考虑，银行一般不愿意向企业发行长期贷款，从而导致企业的债务融资主要以短期贷款为主。第二，目前中国上市公司的最大债权人是国有商业银行，在国有商业银行对企业的贷款利率仍然受到中央银行的管制以及国有商业银行尚未彻底完成公司化改造的情况下，国有商业银行的自我保护能力也比较弱，国有商业银行既没有能力在事前针对企业不同的贷款风险进行区别定价，也没有动力在事后对上市公司大股东的行为进行积极的监督。因此，在中国这种对债权人的法律保护以及债权人自我保护能力都比较弱的情况下，控制性股东很可能存在强烈的动机来侵害债权人的利益（江伟、沈艺峰，2005）。

3.3 多层级控股方式的产生与股权特征

3.3.1 股份制改组与多层级控股方式的产生

根据第 2 章中的文献综述可知，终极控制人选择多层级控股方式的原因主要有两种解释：一是基于交易成本的效率促进观，即终极控制人出于对地区要素市场发育程度等外部环境因素的考虑而选择多层级组织结构方式，以降低经营过程中的交易成本，提高经营效率；二是私人收益观，即多层级组织结构方式便于隐匿身份、财富、交易及免于政府监督或进行“掏空”，最大化控制权私人收益。在中国，由于上市公司的所有权性质不同，因此中国上市公司多层级组织结构方式产生的背景具有特殊性：国有企业多层级控股方式的产生与中国国有企业改革的背景密切相关；民营企业多层级控股方式的产生受国家政策的影响。下面对与上市公司多层级控股方式产生有关的制度背景进行介绍。

1）股份制改组

国有企业改建为股份公司时，可以整体改组，也可以根据实际情况对企业资产进行重组。所谓资产重组，是指现有企业进行股份制改组，将企业部分资产连同负债实行分离，设立两个或两个以上有产权关系或相互独立、没有产权关系的法人。我国相关法规对上市公司的盈利能力有最低的要求，如《证券法》规定，股份有限公司申请股票上市要求最近三年连续盈利，国有企业改制上市前往往要对非经营性资产，甚至是经营性资产进行剥离，以提高企业的盈利能力，满足股票发行与上市的相关规定。另外，如果一些拿到上市指标的公司本身规模不够大，或者地方政府分配到指标却没有足够可供选择的公司，就会采用捆绑上市的办法，以筹集到尽可能多的资金。

根据改制企业重组后对上市与非上市部分资产产权归属的不同，现实中存在以下两种改制模式：完整改造（包括整体改制和解散分立两类）与非完整改造（包括存续分立和多家重组两类）。整体改制是指国有企业不进行资产剥离，以全部资产、负债进行改制重组，成立新公司，原主体企业注销，然后政府利用新公司进行公开发行。解散分立是指政府对国有企业的全部资产进行剥离重组，将非经营性资产部分或全部以及与主营业务不相关的经营性资产及相关债务剥离出企业，剥离出的这部分资产和相关债务由政府负责安置或成立新的法人单位进行管理，政府把剥离后的国有企业改造成股份公司进行公开发行。存续分立是指主体企业将其部分资产或业务剥离出去，注入新设立的公司，其余部分资产或业务仍然保留在存续的原主体企业内，原主体企业成为新公司的控股母公司，政府通过控股母公司进一步控制新公司，并通过新公司进行公开发行。多家重组是指多个国有企业将属于不同企业法人的部分资产注入新公司进行重组，并通过新公司进行公开发行。若多个待改制企业都将其全部资产注入新公司，则这种多家重组方式即成为整体改制的一种特例；若多个待改制企业都采用解散分立的方式组合成新公司，则这种多家重组方式即成为解散分立的一种特例。

一般来说，如果政府采用完整改造的模式对国有企业进行改造，那么改制后的上市公司资产整体质量较好、历史遗留问题较少或解决较彻底、“企业办社会”负担较轻，但政府要付出较多的直接成本。如果政府采用非完整改造的模式对国有企业进行改造，那么改制后的上市公司通常具有两方面问题：一方面，非完整改造模式可能破坏了原有的完整价值链，造成股份公司和控股母公司资产的不完整，使得双方的生产经营产生困难，而这种困难在存续母公司中表现地更为突出；另一方面，非完整改造公司的控股股东还承担了大量的劣质、非经营性、非核心资产和冗员等政策性负担，同时，由于存续部分的资产质量较差，也使得控股股东通过本身盈利获取资金的能力非常有限。这两方面原因导致国有企业改制后，背负着沉重负担的母公司为了生存和发展，会把上市公司当做其掠夺利益的载体（邓建平等，2007）。

2）国有企业多层级控股方式的产生

对于国有企业来说，其多层级组织结构方式产生的背景是与国有企业的改革联系在一起的。为了改变高度集中的计划经济体制下的国有企业制度，实现政府的所有者职能同社会行政职能彻底分离的目的，减少政府干预及内部人控制，自 1978 年的十一届三中全会开始，我国政府对国有资产管理体制改革进行了多次尝试。Qian（1996）建议国家应该改革国有企业的所有权结构，建立新的国有资产管理体系。在此建议下，很多企业建立起了企业集团及多层次的国有资产管理体系，因此可以说，“基于政府分权动机的改革，直接导致了中国国有企业多层级控股结构方式的出现”（Fan、Wong and Zhang，2005）。但是由于国有企业改制模式的差异，不同类型国有企业层级结构的产生背景又有所不同。

一般来说，当终极控制人是政府部门（国有资产管理委员会、政府机构）时，通常意味着原国有企业主体资产分离后宣告解散，或者政府专门投资机构直接投资于拟上市的企业实体中，因此由政府直接控制的上市公司整体改制的情况较为普遍。由政府间接控制的上市公司则比较复杂。如果是国有资产投资（管理）公司或国有资产经营公司等纯粹的国有资本运营公司控股，则其改制程度与政府直接控制的上市公司的情况基本类似。如果是由国家授权投资的企业集团控股，则一种情况可能是集团公司以其部分资产直接改组设立的股份有限公司，或以其占有的一部分国有资产投资设立的股份有限公司，或通过收购、兼并设立的股份有限公司代表国家持有股份有限公司的国家股；另外一种情况可能是国有企业在实行股份制改组时，将其骨干部分剥离出来，改组为股份有限公司，而将企业剩余部分的资产组成集团公司，再由政府授权该集团公司代表国家持有股份有限公司的国家股。两者的区别在于，前者除股份有限公司外，集团内还有许多其他公司；而后者的企业集团只是一个“空壳”，除上市公司外，并没有实质性的资产。由国有企业（工厂制企业、国有独资公司、国家控股的股份有限公司或有限责任公司等）所控制的上市公司基本上是原有企业的部分资产分离后设立的股份有限公司，改制程度相对较低。其他类型的国有终极控制人所控制的上市公司的改制程度也参差不齐，由于这类企业相对较少，在此不再进行详细分析（李增泉，2005）。

3）民营企业多层级控股方式的产生

与国有终极控制人设立金字塔式控股结构方式的动机不同，对于民营企业来说，其融资的需求，隐匿身份、财富、交易，以及免于政府监督的动机影响着层级结构的形成。这是因为在中国，企业的改革主要是针对国有企业而言的，如证券市场设立的初衷就是筹集社会闲散资金，以支持国有企业的改革、减轻国有企业的负担、改进国有企业的治理结构。证券监管部门出于国家经济改革的目标和中央政策贯彻执行的目的，在审批环节中偏向于让国有大企业优先上市，而让国有中小企业直接上市的难度很大，让民营企业上市的难度更大。除了证券市场融资偏向的功能定位外，中国的市场法规也利于国有企业上市融资等行为。在这样的背景下，中国私营企业上市公司的数量相对较少，其为了以较少的资金控制更多的资产，多采用金字塔式控股结构方式，成立内部资本市场，从而形成了私营企业的层级结构。Fan、Wong and Zhang（2005）就此提供了一些证据，他们发现，在资金相对紧张的企业中，金字塔式控股结构方式被更多地采用。除了缓解融资约束、加强资源配置外，内部资本市场下的层级结构方式还便于终极控制人转移上市公司财富，获得控制权私人收益，而又不易被监管当局或外部人察觉，从而隐匿真实身份，规避外界的管制（Bianchi、Bianco and Enriques，2001）。因此，在中国市场机制（控制权市场、经理人市场）不完善、法律法规等各项制度尚不健全的环境下，民营企业主更可能基于隐匿身份、财富、交易及免于政府监督的动机而选择多层级控股方式；而在良好的环境下，终极控制人隐匿身份、财富、交易及免于政府监督的动机会降低。

当然，除了上述制度背景因素导致中国上市公司多层级控股方式的产生外，日常生产经营中的资本运作，如收购、兼并等也会导致复杂组织结构方式的产生与改变，使层级延展或缩短。而且即使对于同一家企业来说，在不同的历史时期、不同的状况下，层级使用的目的可能也是不同的（邓淑芳，2006）。

3.3.2　股权设置与上市公司股权特点

1）中国上市公司股权设置与管理的制度背景[①]

在股份制试点的初期，国有股的权益常常得不到有效的保护，为此，国家相关部门在20世纪90年代初连续下发了多个文件就国有股权的管理问题作了相应的规定。这些文件主要有1992年出台的《股份制企业试点办法》《股份制试点企业国有资产管理暂行规定》，1993年颁布的《公司法》，1994年出台的《股份制试点企业国有股权管理的实施意见》《股份有限公司国有股权管理暂行办法》等。上述法规特别强调必须切实维护公有资产不受侵害，并对国有企业改制过程中国有股权的设置问题进行了明确规定。

(1) 股权设置的基本原则

上述有关国有股权管理的相关文件在提到股份制改组过程中股

① 本部分制度背景所涉及的有些办法、规定等已经失效。但是因为这些法规文件导致了大部分国有上市公司国有股权高度集中的股权结构特征，所以本书仍阐述了这些法规文件中有关股权设置和管理的基本精神。

权设置的原则时，均强调要保持国有股份在企业中的主导地位。例如，《股份制试点企业国有资产管理暂行规定》指出，要贯彻发展以公有制为主体的股份制企业的方针，对应由国家控股的股份制试点企业必须保证国有资产股份在企业中的主导地位；《股份制试点企业国有股权管理的实施意见》指出，特定行业和特定企业以及在本地区经济中占有举足轻重地位的企业，要保证国家股的控股地位。对于控股，《股份制试点企业国有股权管理的实施意见》和《股份有限公司国有股权管理暂行规定》都给出了明确的定义，国有股权控股分为绝对控股和相对控股。绝对控股是指国有股权持股比例占50%以上（不含50%）；相对控股是指国有股权持股比例高于30%但低于50%，但因股权分散，国家对股份有限公司具有控制性影响。

（2）股权设置的类型

根据产权性质的不同，中国上市公司的股权主要分为两类：国有股权与非国有股权。其中，国有股权包括国家股和国有法人股；非国有股权包括个人股、外资股和社会公众股。个人股是指以个人合法财产向公司投资形成的股份。经批准，由外国和我国香港、澳门、台湾地区投资者向公司投资形成的股份，称为外资股。社会公众股是指我国境内的个人和机构，以其合法财产对公司可上市流通股权部分进行投资所形成的股份。下面我们着重对国有股权进行介绍。

《股份有限公司国有股权管理暂行办法》第二条规定："组建股份公司，视投资主体和产权管理主体的不同情况，分别构成'国家股'和'国有法人股'。国家股是指有权代表国家投资的机构或部门向股份公司出资形成或依法定程序取得的股份。在股份公司股权登记上记名为该机构或部门持有的股份。国有法人股是指具有法人资格的国有企业、事业及其他单位以其依法占用的法人资产向独立于自己的股份公司出资形成或依法定程序取得的股份。在股份公司股权登记上记名为该国有企业或事业及其他单位持有的股份。国家股和国有法人股统称为国有股权。”

《股份有限公司国有股权管理暂行办法》第八条规定，界定为国家股的情况包括：①有权代表国家投资的机构或部门直接设立的国有企业以其全部资产改建为股份公司的，原企业应予撤销，原企业的国家净资产折成的股份界定为国家股；②有权代表国家投资的机构或部门直接设立的国有企业以其部分资产（连同部分负债）改建为股份公司的，如进入股份公司的净资产（指评估前净资产，下同）累计高于原国有企业净资产 50%（含 50%），或主管生产部分全部或大部分资产进入股份制企业，其净资产折成的股份界定为国家股；③国家授权投资的机构或部门直接向新设成立的股份公司投资形成的股份界定为国家股。

《股份有限公司国有股权管理暂行办法》第八条规定，界定为国有法人股的情况包括：①有权代表国家投资的机构或部门直接设立的国有企业以其部分资产（连同部分负债）改建为股份公司的，如进入股份公司的净资产低于 50%（不含 50%），其净资产折成的股份界定为国有法人股。②国有法人单位（行业性总公司和具有政府行政管理职能的公司除外）所拥有的企业，包括产权关系经过界定和确认的国有企业（集团公司）的全资子企业（全资子公司）和控股子企业（控股子公司）及其下属企业，以全部或部分资产改建为股份公司，进入股份公司的净资产折成的股份界定为国有法人股。③国有企业（行业性总公司和具有政府行政管理职能的公司除外）或国有企业（集团公司）的全资子企业（全资子公司）和控股子企业（控股子公司）以其依法占用的法人资产直接向新设立的股份公司投资入股形成的股份界定为国有法人股。

（3）中国上市公司的股权管理

《股份有限公司国有股权管理暂行办法》对国有股权的管理作了严格的规定。例如，第四条明确规定：“国有资产管理部门是国有股权行政管理的专职机构。”第十三条规定：“国有企业改建为股份公司必须明确国家股或国有法人股持股单位。”第十五条规定：

“国有资产管理部门要建立股份公司国家股档案，包括国家股持股单位名称、国家股数额占总股本的比例、国家股股利收缴、国家股权变动等情况，对国家股股权及收益实施动态管理。”第十七条规定：“国有股持股单位须依法行使股份公司的国有股权，维护国有股的权益，对国有股权益的安全完整负责。”第十九条规定：“国有股持股单位可委派法定代表人或其指定的代理人出席股东大会，审议和表决股东大会议程上的事项。国有股持股单位通过出席股东大会的代表提名董事、监事候选人或提出罢免董事、监事的动议，并依持股比例参加投票、表决。”第二十条规定：“受国有股持股单位委派出席股东大会的代表人或代理人，应按持股单位的利益和意志行使股东权利。”但第二十三条规定：“非经法定程序，国有股持股单位不得直接指定任何人担任公司董事，也不得要求任何董事只代表国有股持股单位的利益行事或事先单方面向国有股持股单位报告应当向全体股东同时披露的重要信息。”

另外，国家对国有股的转让也进行了限制。例如，《股份有限公司国有股权管理暂行办法》第二十九条规定：“国家股权转让应符合以下规定：①转让国家股权应以调整投资结构为主要目的。②转让国家股权须遵从国家有关转让国家股的规定，由国家股持股单位提出申请，说明转让目的、转让收入的投向、转让数额、转让对象、转让方式和条件、转让定价、转让时间以及其他具体安排。③转让国家股权的申请报国家国有资产管理局和省级人民政府国有资产管理部门审批；向境外转让国有股权的（包括配股权转让）报国家国有资产管理局审批；国家股转让数额较大，涉及绝对控股权及相对控股权变动的，须经国家国有资产管理局会同国家体改委及有关部门审批。④非国有资产管理部门持股的股东单位转让国家股权后，须向国有资产管理部门报告转让收入的金额、转让收入的使用计划及实施结果。国有股权转让的具体办法另行制定。”在有关非流通股转让的政策中，中国证监会于 2000 年 8 月 16 日规定，只有在如下几种情况下国有股才能转让给非国有法人：①获得财政部书面批准。②法院终审裁决而被执行。③法院主持或授权拍卖。这些法律法规都进一步使国有股东的控股地位不可动摇。

此外，国家国有资产管理局对有关配股的政策也进行了规定。例如，1994 年 4 月 4 日发出的《关于在上市公司送配股时维护国家股权益的紧急通知》明确提出："如系国家有控股要求的上市公司，转让国家股配股权造成的股权结构变化应以不影响国家控股地位（绝对控股或相对控股）为限。"

总之，上述政策法规更加巩固和加强了国有股东的控股地位。

2）股权分置改革

综上所述，以公有制为基础的股票市场，必然要求国有股在股权中占据控股地位，并且为了保持这种稳定的控股地位，国有股不能上市流通，从而导致了股权分置问题的产生。股权分置制度其实是一种为了保证国有股东对上市公司的投票权而放弃流通权的制度安排，因此股权分置制度造成了投票权与流通权的分离，由此带来了很多消极后果，如非流通股股东滥用投票权谋取自身利益，流通股股东滥用流通权来博取资本利得；上市公司的流通权价值由市场价格来衡量，非流通股份则一般由公司的净资产值来衡量，从而使流通股与非流通股失去了共同的利益基础；2/3 的非流通股不能上市流通，从而使中国证券市场的资源配置功能缺失；上市公司存在"股权融资偏好"（王辉，2006）。

基于中国股权分置存在的种种弊端，为了解决证券市场的制度缺陷、完善上市公司的法人治理结构、推动国有资本合理流动，2005 年 4 月 29 日，中国证监会发布了《关于上市公司股权分置改革试点有关问题的通知》①，宣布启动股权分置改革试点工作②。在

① 本部分有关股权分置改革的政策法规引自中国股权分置改革网（http://cs.xinhuanet.com/gqfz）的相关文件。

② 在此之前，我国政府曾进行过三次国有股减持的改革，分别发生在 1999 年 9 月—2000 年12 月，2001 年 6 月—2001 年 10 月，2001 年 11 月—2002 年 6 月。这三次国有股减持改革在目标导向上定位为为国有企业改革服务，非流通股股东过分追求自身利益的最大化，并没有或很少考虑流通股股东的利益，因此均以失败告终。

这一阶段，所有参加股权分置改革试点的公司都采取了非流通股股东向流通股股东支付对价获得流通权的方式，表明在解决股权分置的问题上非流通股股东与流通股股东的合作。股权分置改革试点工作顺利完成后，证监会、国资委、财政部、中国人民银行、商务部于2005年8月23日联合颁布了《关于上市公司股权分置改革的指导意见》（以下简称《意见》）。《意见》指出，股权分置改革试点工作的操作原则和基本做法得到了市场认同，改革的政策预期和市场预期逐渐趋于稳定，总体上具备了转入积极稳妥推进的基础和条件。《意见》指出，股权分置改革是为非流通股可上市交易做出的制度安排，并不以通过资本市场减持国有股份为目的，当前国家也没有通过境内资本市场减持上市公司国有股份筹集资金的考虑。非流通股可上市交易后，国有控股上市公司的控股股东应根据国家关于国有经济布局和结构性调整的战略性要求，合理确定其在所控股上市公司的最低持股比例，对关系国计民生及国家经济命脉的重要行业和关键领域，以及国民经济基础性和支柱性行业中的国有控股上市公司，国家要保证国有资本的控制力、影响力和带动力，必要时国有股股东可通过证券市场增持股份。其他上市公司的控股股东也要保证公司的稳定发展和持续经营。证券监管部门要通过必要的制度安排和技术创新，有效控制可流通股份进入流通的规模和节奏。

2005年9月5日，证监会发布《上市公司股权分置改革管理办法》，标志着中国股权分置改革进入全面推进阶段，现在股权分置改革基本完成。《上市公司股权分置改革管理办法》第四章对改革后公司原非流通股股份的出售做了规定：①自改革方案实施之日起，在12个月内不得上市交易或者转让；②持有上市公司股份总数5%以上的原非流通股股东，在前项规定期满后，通过证券交易所挂牌交易出售原非流通股股份，出售数量占该公司股份总数的比例在12个月内不得超过5%，在24个月内不得超过10%。

上述股权分置改革意味着，虽然非流通股股东放弃了一部分股权，但仍然没有改变国有控股股东的控制地位，股权集中的现象依然存在。

3）中国上市公司股权结构的特点

综上所述，基于中国国有企业改革及股份制改组中股权设置的制度背景，中国上市公司的股权结构主要呈现如下特点：

（1）国有控股股东占主导地位

中国证券市场成立之初就被赋予了为国有企业改革服务的重要职责，主要定位在为国有企业和国有经济脱困服务，强调重点扶持国有企业特别是大中型国有企业。在这种特殊的制度安排下，中国的上市公司大多数是由国有企业改制而来的。更重要的是，企业在上市前需要进行股份制改造，从原企业中剥离出一部分经营性资产成为上市公司的主体，构成国家股或者法人股，同时这部分股份不能直接在证券市场上自由流通，却通常在上市公司中占绝对控股地位。在此基础上，企业再向社会公众发行流通股，但是发行量仅仅占企业总股本的一个较小比例。这种发行方式通常也导致了国有大股东的绝对控股地位。如在本书的研究样本中，截至2006年，由国有企业所控制的上市公司占样本公司的84.8%，其中由政府部门直接控制的上市公司也占到了69.1%。

（2）股权过于集中

第一大股东拥有绝对控制优势，其他大股东难以与第一大股东抗衡，并且股权分置改革后仍然没有改变控股股东的控制性地位。这主要是因为在股份制改革的初期，为了保证上市公司公有制的所有权性质不发生变化，维护公有制的主体地位，国家相关部门对股份有限公司中国有股权的管理做出了明确规定，要求国有企业在改制过程中必须保证国有股权依国家产业政策在股份公司中的控股地位，正是这种特殊的改制过程导致了政府部门及国有企业在中国绝大多数上市公司中的绝对或相对控股地位。根据本研究样本的统计，2006年，样本公司第一大股东持股比例均值为0.44，远远高于第二大股东持股比例均值（0.08）。

以上两个方面在某种意义上决定了中国上市公司的实际控制人

主要是国有股东，同时形成了带有政府背景的企业以大股东形式控制上市公司的局面。

3.4　中国上市公司债务期限结构特征

通过上述有关债务融资及股权设置与管理的制度背景的分析，我们了解到，中国上市公司的债务融资呈现以下特点：第一，公司负债融资比例较低，主要以股票融资为主；第二，公司的债务融资主要来源于银行贷款；第三，公司负债融资以短期负债为主，长期负债比例较低。下面我们对本书的研究样本进行描述性统计分析，以便更直观地了解中国上市公司债务融资的特点。

3.4.1　上市公司融资结构特征

表 3-1 统计了样本公司 2004—2006 年的融资结构，从统计数字我们可以看到，2004—2006 年样本公司的资产负债比率逐年上升（分别是 0.48、0.50、0.51），这可能与中国加强对股权融资的监管政策有关。特别是在 2005 年实行股权分置改革后，公司进行股权融资的难度加大。

表 3-1　　2004—2006 年上市公司融资结构分析

年度	样本	总负债/总资产	短期负债/总资产	长期负债/总资产	短期负债/总债务	长期负债/总债务
2004	610	0.48 (0.17)	0.40 (0.17)	0.08 (0.10)	0.84 (0.18)	0.16 (0.18)
2005	604	0.50 (0.18)	0.42 (0.17)	0.07 (0.10)	0.85 (0.17)	0.15 (0.17)
2006	578	0.51 (0.17)	0.43 (0.17)	0.08 (0.10)	0.85 (0.18)	0.15 (0.18)
总体	1 792	0.49 (0.17)	0.42 (0.17)	0.08 (0.10)	0.85 (0.18)	0.15 (0.18)

注：表内统计数字，括号外为均值，括号内为标准差。

从债务期限结构来看，短期债务在总债务中所占比率的均值为0.85，而长期债务在总债务中所占比例的均值仅为0.15，这说明中国上市公司的债务融资以短期负债为主。分析其原因，主要与中国特殊的融资制度背景有关，正如我们在前面所分析的：债券市场发展严重滞后，有关债权人的法律法规不完善、执行不力或使用成本较高等，这必然导致较高的债务契约履约成本。相对于长期负债来说，短期负债的违约风险较低，而且如果是向银行贷款，公司一般需要提供担保或抵押等，这也在一定程度上降低了短期债务的风险。所以在中国特有的制度背景下，银行同样倾向于向公司发放短期贷款。而对于像长期贷款这样的稀有资源，则更多地流向与政府有密切关系的公司①。

3.4.2 上市公司债务期限结构特征

表3-1的统计结果显示，中国上市公司偏好短期债务融资，下面我们进一步就长短期债务融资结构情况进行统计分析，结果列示在表3-2中。

表3-2 **中国上市公司债务结构特征分析**

变量	均值	标准差	中位数	最大值	最小值
短期负债/总债务	0.85	0.18	0.92	1.00	0.05
短期借款/总债务	0.33	0.21	0.33	0.97	0.00
商业信用/总债务	0.32	0.21	0.28	1.00	0.00
自然融资/总债务	0.05	0.08	0.03	0.8	-0.49
其他应付款/总债务	0.09	0.09	0.06	0.84	0.00
长期负债/总债务	0.15	0.18	0.08	0.95	0.00
长期银行借款/总债务	0.12	0.16	0.05	0.76	0.00
应付债券/总债务	0.01	0.04	0.00	0.50	0.00
长期应付款/总债务	0.01	0.06	0.00	0.94	0.00
长期银行借款/总银行借款	0.27	0.29	0.16	1.00	0.00
样本	1 792				

① Fan et al.（2006）对39个发达国家及发展中国家1991—2000年的资本结构及债务期限结构的中位数进行比较研究，发现发展中国家资本结构的中位数是0.27，而发达国家资本结构的中位数是0.22；相对于发展中国家来说，发达国家的债务期限长（发达国家的长期负债比率中值为0.64，而发展中国家的长期负债比率中值仅为0.46）。

1）上市公司短期债务融资结构状况

根据短期债务融资来源的不同，我们可以将公司的短期债务划分为以下几种类型：银行借款、商业信用（主要包括应付票据、应付账款、预收账款、代销商品款等）、自然融资（主要包括应付职工薪酬、应交税费等）及其他应付款等。表3-2分别对这几类债务在总债务中所占比例情况进行统计分析的结果表明：短期债务主要来源于银行借款和商业信用。其中，银行借款在总债务中所占比率为33%，商业信用在总债务中所占比例为32%。

2）上市公司长期债务融资结构状况

公司的长期债务融资主要来源于长期银行借款、应付债券、长期应付款等。在表3-2中，我们分别对其在总债务中所占比例进行统计分析，发现长期银行借款在总债务中所占比率为12%，而应付债券在总债务中所占比例仅为1%。这说明长期银行借款是公司长期债务资金的主要来源，上市公司采用发行债券方式筹集资金的比重很低，这是中国债券市场发展滞后、债务融资渠道单一的必然结果。

另外，我们对银行借款的期限结构进行了统计，发现长期银行借款在总银行借款中所占比例为27%，这说明银行借款以短期为主，这与中国对银行发放长期借款的严格管制以及对债权人法律保护较弱的制度背景有关。银行为了控制风险，也倾向于向外发放短期债务。

总之，中国资本市场发展不平衡，债务融资渠道单一，债券市场发展滞后，对有关债权人的法律保护较弱的制度背景，导致了中国上市公司的债务融资以短期债务融资为主；债务资金主要来源于银行借款，且以短期借款为主。这不利于公司通过对不同债务的组合来降低代理成本，影响公司的负债能力，也不利于公司形成合理的融资结构。

4 理论分析与研究假设

本章在对现有的债务期限结构理论进行回顾与分析的基础上，提出从终极控制人角度来研究债务期限结构的理论分析框架，并据以提出本书的研究假设。具体内容安排如下：第1节，对现有的债务期限结构理论进行回顾和评述；第2节，在对现有的债务期限结构理论进行取舍与拓展的基础上，构建终极控制人与债务期限结构关系的理论分析框架；第3节，对终极控制人性质与债务期限结构的关系进行理论分析并提出研究假设；第4节，对终极控制人的经济动机与债务期限结构的关系进行理论分析并提出研究假设。

4.1 债务期限结构理论及其评述

4.1.1 现有的债务期限结构理论

当前，具有代表性的债务期限结构理论包括代理理论（agency theory）、信号理论（signaling theory）、期限匹配理论（maturity matching theory）和税收理论（tax theory），下面我们对这些相关的理论进行简单的介绍。

1）代理理论

代理理论主要用来解释股东的“资产替代”“投资不足”及“过度投资”行为所导致的代理冲突及其与债务期限选择的关系，认为增加短期负债融资能够缓解由上述行为所引发的代理冲突。

“资产替代”即股东以高风险、高收益的投资项目来替代低风险、低收益的投资项目的行为（Jensen and Meckling，1976）。对高风险的项目进行投资，如果投资成功，那么股东可获得更高的收益，一旦投资失败，由于有限责任，股东按持股份额所承担的损失有限，大部分损失由外部股东及债权人来承担。上述行为的债权人会要求提高借款利率，这将增加企业的融资成本。Barnea、Haugen and Senbet（1980）认为，企业多采用短期负债融资，能够减缓企业的“资产替代”行为。这是因为：一方面，根据连续的资产定价模型，企业债务期限越短，存在资产替代倾向的企业价值的分布范围就越窄，短期债券的价格对企业资产风险变动越不敏感；另一方面，短期债务使企业时常面临偿付本息的压力，迫使股东必须约束其偏好风险的动机，从而削弱了股东的资产替代倾向。

“投资不足”问题由 Myers（1977）提出，他认为，当企业面临投资机会时，如果投资增长机会附属担保价值比较低，债权人往往会在合约中严格约束企业的投资方向，以确保其在投资中获得足够多的利益，而股东却不能在这个盈利性项目中获得最低的正常收益。在这种情况下，尽管项目的净现值为正，但是股东仍倾向于放弃此项目，从而导致投资不足。如果债务期限在增长期权到期之前结束，那么就可以减少投资不足问题的发生，即企业可以通过缩短企业债务的有效期限来控制投资不足行为。

与 Myers（1977）的分析不同，Jensen（1986）在从自由现金流量的角度考察债务期限结构对代理成本的影响时提出了“过度投资”问题，即当企业拥有较多的自由现金流量时，企业经营管理者会投资于净现值小于零的项目以获取私利的道德风险行为。虽然这类项目的投资有损于股东利益，却扩大了企业的规模，管理者也可以借此获得更多的货币性与非货币性收益。针对这种情况，Jensen（1986）认为最好的办法就是增加短期债务，因为短期债务定期还本付息的压力能够约束企业管理者对企业自由现金流量的滥用行为，进而减少企业管理者用于个人私利的“自由资金”；此外，短期负债增大了企业发生财务危机的可能性，而企业管理者的效用依赖于其管理职位，从而依赖于企业的生存，因此，增加短期负债能够激励管理者做出更有效的投资决策，从而有效地使用企业资金。

另外，代理理论还可以用来解释企业规模、企业所在行业与企业债务期限结构的关系。通常认为，大企业往往拥有较多的资产，代理问题与破产风险相对较低，举债融资时，大企业有能力同债权人讨价还价，降低融资成本。因此，大企业较容易接触长期债务市场（Marsh，1982；Stohs and Mauer，1996）。小企业通常只能发行短期债务。这是因为：一方面，小企业在市场竞争中失败的概率较高，不具有利用长期债务进行融资的优势；另一方面，小企业中管理者通常持股比例较高，股东与债权人之间的代理问题更为严重。为了控制这两方面的风险，债权人不得不缩短债务期限（Fama and Jensen，1983；Rajan and Zingales，1995）。Heinkel and Zecher（1990）的研究认为，小规模企业往往由于难以承受高昂的发行成本而多选择短期负债。企业所处的行业不同，也会影响企业债务期限结构的选择。一般来说，受管制行业中，企业管理者对未来的投资决策具有相对较少的自由支配权，导致长期负债产生不良后果的可能性降低，这有助于降低长期债务的代理成本（Smith，1986）。因此，行业管制对企业的债务期限具有重要的影响，受到管制的企业比未受到管制的企业将拥有更多的长期债务。

2）信号理论

按照经济学中的信号理论，当企业与外部投资者之间存在信息不对称时，企业债务期限的选择具有信号传递的作用，能够向外部传递出有关企业质量的内部信息，并影响投资者的决策。其中，具有代表性的研究有 Flannery（1986）、Kale and Noe（1990）、Diamond（1991）。

Flannery（1986）的模型显示，当信息不对称程度高且信息交流的交易成本足够高时，低质量的企业将模仿高质量的企业发行短期债务，由于获得的收益不足以弥补支付的额外交易成本，因此低质量的企业将选择长期债务融资，而高质量的企业将选择短期债务融资。另外，Flannery（1986）还指出，在信息高度不对称的情况下，拥有大量利好消息的企业将通过短期债务传递信号；而拥有少量利好消息的企业不太关心债务期限的信号含义，可能选择发行长期债务。

Kale and Noe（1990）认为，对于长期债务，由于投资者当前对企业价值的错误估价将被延展到未来的多个时期，因此，相对于短期债务来说，长期债务定价的偏差程度更大，导致企业债务的内在价值被市场错误估价的程度也更高。如果债务市场无法识别高质量和低质量的企业，则价值被低估的高质量企业将会发行数量较少的、价格被低估的短期债务，以避免较大的债务定价低估；而价值被高估的低质量企业将发行数量较多的、价格被高估的长期债务，以充分利用市场的定价高估。然而，理性的投资者在对企业的风险债务定价时，会考虑到企业的这些动机。因此，当市场处于分离均衡时，两种期限的风险债务都将被发行且被正确定价：高质量的企业将发行更多的短期债务，低质量的企业将发行更多的长期债务。但是，如果高质量的企业认为通过发行更多的短期债务将其与低质量的企业相区分的代价太高，或低质量的企业认为冒充高质量的企业去发行较多的短期债务收益更大，则分离均衡的市场将不会存在，因为此时两种类型的企业将发行相同期限的债务，即存在一个混同均衡的债务市场。

Diamond（1991）延伸了传统的信号模型，提出了在存在流动性风险（再融资风险）的情况下，私有信息对企业债务期限结构选择的影响模型。Diamond（1991）假设，关于项目未来的盈利情况，拥有好的私人信息的企业希望借入短期债务。这是因为：一方面，质量好的企业的投资项目被清算的可能性低，管理者的非金钱利益因清算而过早丧失的可能性也最低；另一方面，质量好的企业很有可能需要再融资，在再融资时，其有机会显示自己是低风险的企业，从而可以继续支付较低甚至更低的利率。相反，关于项目未来的盈利情况，拥有坏的私人信息的企业希望借入长期债务。这是因为：一方面，当质量差的企业需要再融资时，其不得不披露自己是高风险的企业，从而必须支付相对较高的利率，甚至被拒绝融资；另一方面，质量差的企业的投资项目很有可能在实施途中被迫清算，管理者的非金钱利益也会因清算而丧失。但是，由于投资者已预测到此类企业存在着严重的道德风险和逆向选择问题，因此这类企业最终会被驱逐出长期债务市场，只能发行短期债务。这样，市场上最终发行长期债务的企业是质量适中的企业。因此，Diamond（1991）的模型表明，债务期限和私有信息数量之间成倒U形关系：在其他条件相同的情况下，风险最低和风险最高的企业都拥有较多的短期债务；风险适度的企业则拥有更多的长期债务。

3）期限匹配理论

期限匹配理论也称免疫假设（immunization hypothesis），它是指将企业债务的期限与企业资产的期限对应起来的理论。Morris（1976）最早提出了这一理论。他认为，将资产和债务的期限匹配起来，一方面能够减少由于企业资产产生的现金流可能不足以用来支付利息和满足投资需要而带来的风险；另一方面可以使企业的资金得到有效配置。因为如果企业负债的期限小于企业资产的期限，则当债务到期时，企业也许没有足够的现金流来偿还债务；相反，如果企业负债的期限大于企业资产的期限，则可能因为企业资产已经停止了收益但企业还要偿还债务，从而增加了企业的违约风险。另外，当企业负债的期限大于企业资产的期限时，也可能因为到期资产产生了现金流而债务尚未到期，从而造成现金流的闲置或浪费。因此，Morris（1976）认为，企业安排债务融资期限结构时应充分考虑企业资产和债务的期限匹配问题。Myers（1977）在分析投资不足问题时，认为如果将企业资产和债务的期限进行合理匹配，可以有效克服投资不足问题。Myers 指出，当企业的一项资产终止的时候，企业会面临着再投资的决策。如果此时企业发行的债务刚好到期，就会使企业面临新的投资机会时产生正常的投资激励，从而避免了企业管理者从投资项目中撤出他们的人力资本的风险。Hart and Moor（1995）建立的多时期债务动态理论模型也证实了 Myers（1977）的观点，他们在分析中假定企业管理者可以从企业投资中撤回他们的人力资本。当企业的负债与资产的期限结构有效匹配时，在每项资产的寿命期末，企业都将面临新的投资决策。如果企业发行与资产同时到期的负债，则有利于企业重新建立相容的投资激励。另外，他们还指出，长期债务多被用于财产、租赁物改良、机械设备等，短期债务则被用于流动资本项目，即长期资产支持长期债务，短期资产支持短期债务。

4）税收理论

因为负债所支付的利息需要从利润中扣除，所以通常认为，负债融资具有税盾效应。从税收角度对债务期限结构进行研究的学者主要有 Brick and Ravid（1985、1991），Scholes and Wolfson（1992），Kane et al.（1985），Sarkar（1999）。

Brick and Ravid（1985、1991）在利率确定和利率不确定的条件下引入了债务期限税收假设。Brick and Ravid（1985）在分析利率确定情况下债务期限选择的税收动机时指出，由于企业对于它承诺的债务有可能违约，因此只要利率期限结构曲线不是平坦的，负有纳税义务的企业的预期价值就取决于它的债务期限结构。他们认为，当利率期限结构曲线向上倾斜时，企业偏好选择长期债务融资，因为在这种情形中，长期债务发生的利息支出将比发行滚动的短期债务发生的预期利息支出要多，并且企业在早期发生债务违约的概率较低，所以企业税盾现值前者比后者要大，选择长期债务融资可以减少企业预期的纳税负担，增加企业当前的市场价值。同理，如果利率期限结构曲线是向下倾斜的，则企业选择短期债务融资是最优的。而 Brick and Ravid（1991）在分析利率不确定情况下债务期限选择的税收动机时指出，在利率期限结构曲线不确定的情况下，企业只有选择长期债务融资才能够获得最大的利息避税现值。

Scholes and Wolfson（1992）认为，尽管每个企业都知道短期债务的不断展期或多次发行的交易成本很高，但仍然只有部分企业能够发行长期债务，这部分企业就是边际税率较高的企业。因为边际税率较高的企业发行长期债务能够获得很高的税盾收益，边际税率较低的企业发行长期债务所能获得的税盾收益却较少。所以他们认为，企业债务期限和企业的边际税率呈正相关关系。

Kane et al.（1985）和 Sarkar（1999）指出，由于需要关注预期破产成本，因此价值波动性高的企业需要频繁地调整其资本结构，从而导致其偏好使用短期债务融资。相反，价值波动性低的企业由于避免了对预期破产成本可能发生的担心，则倾向于使用长期债务融资；同时，由于资本结构调整成本（交易成本）的存在，选择长期债务融资可以减少企业的融资成本。因此，他们认为，在税收存在的条件下，最优债务期限与企业价值波动性呈负相关关系。

4.1.2 对现有债务期限结构理论的评述

通过上述对现有主流债务期限结构理论的简要回顾，我们发现这些债务期限结构理论沿袭了新古典经济学“社会化不足”的研究范式①，主要关注经济制度和正式制度对企业融资行为的影响，对非经济制度和非正式制度考虑不足，从而导致这些债务期限结构理论基本上还是在主流资本结构的理论框架内展开分析，所考虑的影响因素并没有对主流资本结构理论有实质性的突破。事实上，企业的经济行为是嵌入在其所处的社会关系和社会结构中的，必然要

① “社会化不足”的研究范式即过分强调人的喜爱偏好，使其凌驾于群体规范以及社会结构之上，其思路主要是指经济学特别是威廉姆森的交易成本学派的研究逻辑。格兰诺维特认为，经济学界在这样的一种思想框架下形成的“经济人假设的概念”，是一种“社会化不足”的观念，他把这种“经济人”称为“低度社会化人”。与此相反，“过度社会化”的观点否定了人的喜爱偏好以及主观能动性，人的行为完全被社会环境及其所扮演的社会角色所决定，而不关注人的主观意愿和心理态度，这一思路主要是指制度学派在解释组织趋同时的研究逻辑。格兰诺维特指出，“低度社会化”和“过度社会化”都存在着问题，两者都把人的行为只看成是个人的孤立活动，而不是既定社会关系和结构的产物，无视整个大的社会环境以及人与人之间互动的影响和制约作用，因而最终无法把握个人的行为选择与社会环境之间的真实关系，无法解释行为选择背后的真实原因。

受到其所嵌入的社会关系结构的影响（Granovetter，1985）。Polanyi（1992）在《作为制度过程的经济》一文中就指出，人类经济嵌入并缠结于经济与非经济的制度之中，将非经济的制度包容在内是极其重要的。对经济结构和经济运行而言，宗教和政府可能像货币制度或减轻劳动强度的工具与机器的效力一样重要。同样，企业总是在其所处的社会结构中开展各种财务活动的，企业财务行为的发生也是各种经济制度和非经济制度、正式制度和非正式制度共同作用的结果。而现代主流资本结构理论模型主要关注经济制度和正式制度对企业融资行为的影响，对非经济制度视而不见，这种忽视企业财务行为的社会“嵌入性”的思维，是当前现代主流企业融资理论的一个重要缺失。

除此之外，上述理论也不完全适用于解释终极控制人与上市公司债务期限结构的关系。例如，委托代理理论主要分析由上市公司的股东或管理者的投资行为引发的代理问题及其与债务期限选择的关系。而在多层级控股方式下，一方面，上市公司的代理问题主要存在于终极控制人与中小投资者之间，而不是股东与管理者之间，终极控制人对企业债务期限结构的选择有重要影响；另一方面，在中国目前的转轨经济阶段，企业与银行的借贷决策易受到政府的干预，并且利率管制和对债权人进行保护的法律机制的缺失或无效，会导致银行缺乏对企业进行监督的动力。这些都会导致终极控制人并不直接承担由资产替代、投资不足或过度投资等利益侵占行为所产生的代理成本，而最终由银行、国有股东和中小股东来承担，成为典型的外部成本。这种代理成本的外部化将导致终极控制人的机会主义行为动机更加强烈，且债务期限结构的选择往往成为终极控制人追求私人收益的一种手段，而不是为了将这种代理成本降至最低。

同样，按照信号理论，短期负债融资能够向外界传递企业经营良好的信号。但是，在中国利率受到管制、对债权人的法律保护较弱的背景下，银行主要向企业发放短期贷款以降低违约风险；长期贷款作为一种稀有资源只有有关系的企业才能获得；政府为实现其社会目标，会对银行的信贷行为进行干预，将资金转移到政府所控制的企业中，如地方政府为解决国有上市公司的资金短缺问题或扶持低效益的企业，往往采取行政手段增加对它们的行政性贷款。所有这些都意味着，在中国转轨经济阶段，上市公司负债融资的信号传递效应与西方发达国家存在差异，企业负债融资的数量尤其是长期负债比率的高低往往传递着企业与政府关系的密切程度，或企业受政府保护的程度，而并非是企业质量好坏的信号。

因此，基于本研究的主题，结合中国的制度背景，我们需要对这些解释理论进行取舍与拓展：首先，用新经济社会学的嵌入性理论来分析政企关系这种非经济制度因素和非正式制度因素对企业获取债务融资能力的影响。新经济社会学的嵌入性理论为企业财务学的研究提供了一种新的理论基础和分析工具，企业财务行为具有社会嵌入性的特征，因此对企业财务行为的研究需要跳出财务学以财务论财务的思维框架，将企业财务行为嵌入社会结构之中进行研究（李心合，2006）。其次，放弃只有很少文献提到且很少得到实证检验的税收理论。税收制度影响企业的融资选择和融资结构，但迄今为止，有关税收理论的实证分析很少通过实证检验，且尚未有一致的研究结论。再次，基于终极控制人与中小股东及债权人利益冲突的角度来分析债务期限结构对代理成本的影响。在此基础上，本书的理论分析框架形成了，对此我们在下一节中详细介绍。

4.2 终极控制人与债务期限结构关系的理论分析框架

4.2.1 理论分析框架的提出

在本章第 1 节中，我们已经根据研究的需要对上述解释理论进行了取舍与拓展，对这些相关的解释理论，我们根据终极控制人的性质与经济动机两个纬度进行划分，以形成一个研究终极控制人与债务期限结构关系的理论框架。其中，终极控制人的经济动机是建立在理性经济人的假设之下的，这种以“人类经济行动的简化假设”为前提的人性预设认为，个体只是为了经济利益和效用的最大化而行动的，在市场竞争中，交易双方仅仅为了经济利益而进行交易，交易双方之间不存在任何情感和社会性的互动，个体只是利用经济资本去实现目标，社会结构仅作为个体行动的条件而存在；而实际上，行为总是被社会定位的，不能仅用个人的经济动机来解释行为，即一切经济行为都是嵌入于社会关系之中的，人存在经济理性，也存在非经济动机（Granovetter，1985）。因此，我们选择社会关系的嵌入程度来表示另外一个纬度。如果社会关系对理性的自利行为的影响极小，则认为是零嵌入性；如果经济行为与经济制度完全受社会关系的制约，经济主体不能独立运作，像“奴隶一样死守他们凑巧占据的社会范畴的特定交汇点为他们写就的脚本”（Granovetter，1985），则认为是强嵌入性；介于两者之间则是弱嵌入性，这也是新经济社会学理论构建的逻辑焦点，即假设行动者既不是外在于社会环境像原子化个人那样进行决策和行动，也不是固执地坚守其已有的社会规则与信条开展活动，而是嵌入于具体的、当下的社会关系体系中并做出符合自己主观目的的行动选择。由于假定行动者是有目的的，因此，Granovetter 主张保留理性选择的假设；同时，由于人是嵌入于具体的、正在进行的社会关系体系中的，因此，必须在人的理性选择中加进非经济动机和非经济因素，尤其是社会结构因素对人的行动的影响。根据这两个纬度的划分，形成了本书初始的理论分析框架，如图 4-1 所示。

在图 4-1 的第一象限中，一方面表示终极控制人自利性动机很强，社会结构及社会关系对理性经济行为主体终极控制人的影响程度不大；另一方面终极控制人又处于强嵌入性的社会结构中，经济行为与经济制度受制于社会关系，终极控制人的行为取决于现实的社会规范与文化价值。这两方面不可能同时存在，不符合现实逻

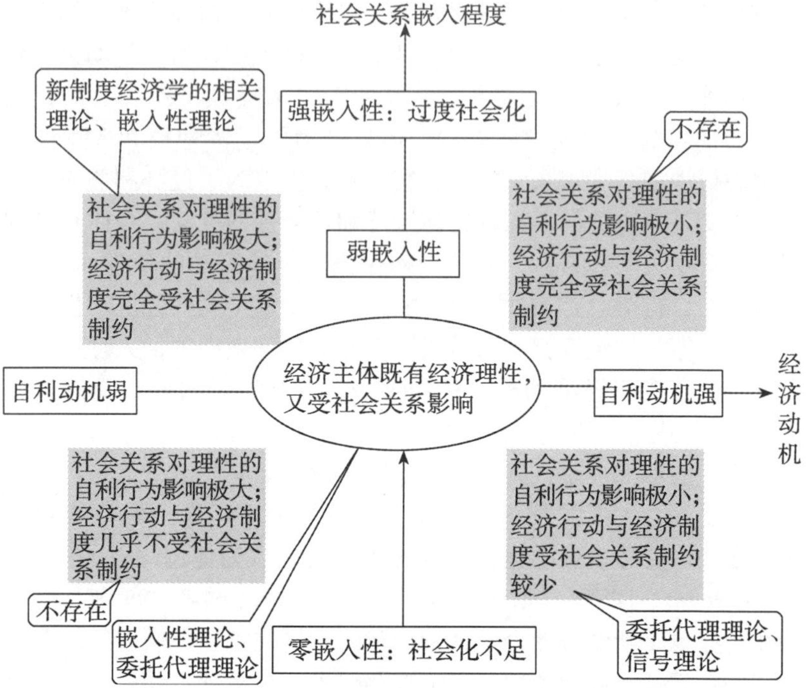

图 4-1　终极控制人与债务期限结构关系的理论分析框架

辑基础，因此将其剔除。同样，第三现象也存在类似的情况，本书也不予以考虑。在第二象限中，一方面终极控制人的自利性动机较弱，社会关系对其经济理性的影响较大；另一方面在强嵌入性的社会结构中，终极控制人的行为受社会关系的影响程度很高，且这种力量只属于社会，不属于个人（涂尔干、Emile Durkheim，2006），即经济行动是社会定位的。对此，本书用嵌入性理论及新制度经济学的相关理论进行解释。在第四象限中，一方面终极控制人的自利性动机很强，社会关系对其经济理性的影响不大；另一方面在零嵌入性的社会结构中，终极控制人的行为几乎不受社会结构及社会关系的影响。这符合理性经济人假设，意味着终极控制人不仅能够预设一个自利的目标，而且可能借助经济计算的智慧做出最佳的选择

(汪和建，2006)。对此，我们用委托代理理论及信号理论进行解释。

其实，行动者并不像原子那样在社会联系之外进行行动或决策，他们也不会像奴隶一样死守他们凑巧占据的社会范畴的特定交汇点为他们写就的脚本。相反，他们尝试进行有目的的行动是嵌入在具体的、正在进行的社会关系体系中的（Granovetter，1985）。因此，Granovetter 主张保留理性选择的假设，同时必须在人的理性选择中加进非经济动机和非经济因素，尤其是社会结构因素对人的行动的影响，即在新经济社会学的弱嵌入性假设下考虑终极控制人的行为。对此，我们用嵌入性理论及委托代理理论进行解释。

因此，本书以新制度经济学的相关理论、新经济社会学的嵌入性理论及委托代理理论作为主要的分析工具，并结合已有的债务期限结构理论，发展了终极控制人的性质、动机和债务期限结构之间关系的理论分析框架。具体的理论分析框架是对图 4-1 进行简化处理的结果（图 4-2）。

4.2.2 理论分析框架的解释

下面我们对图 4-2 中涉及的主要理论进行解释。

1）嵌入性理论

嵌入性（embeddedness）问题源于发生在 20 世纪 50 年代由美籍匈牙利学者卡尔·波兰尼（Karl Polanyi）发起的实体主义经济学与形式主义经济学的论争。波兰尼在 1957 年提出“经济”一词是一个具有实体意义（substantive meaning）和形式意义（formal meaning）双重意义的复合概念。其“形式”的含义源于以“经济性”“经济化”等术语表达的“手段-目的”关系的逻辑，而“实体”的含义源于人的生活在自然环境和社会环境之间的交换，因此经济是存在于各种关系中的各种制度的要素复合体。在《作为制度过程的经济》一文中，波兰尼更加明确地提到了人们的经济行为对非经济的结构与制度的依赖。他认为，人们对某些经济行为

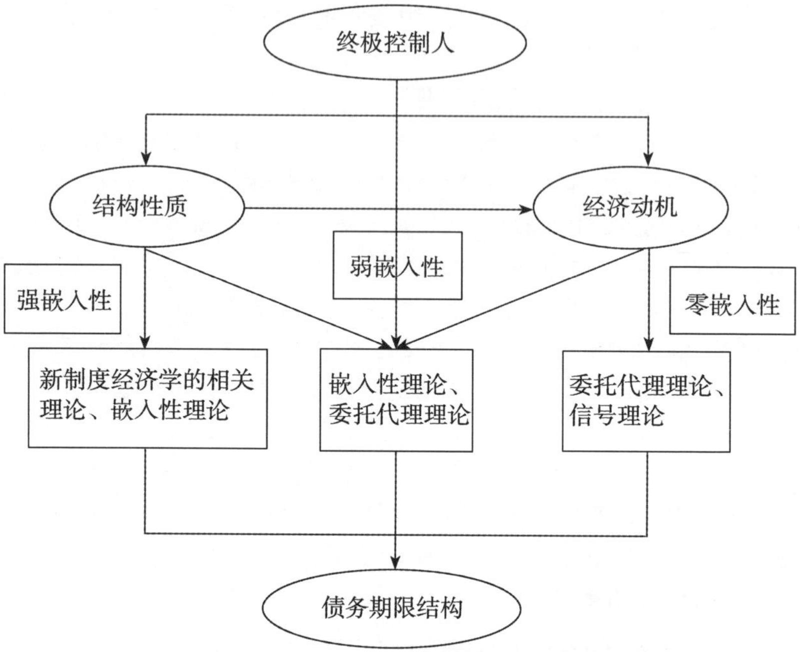

图 4-2　终极控制人与债务期限结构关系的理论分析框架

与模式的选择，从根本上来看，往往是他们赖以生存的那个社会的社会结构和社会生活方式影响的结果。

波兰尼的思想直接启发了以马克·格兰诺维特（Mark Granovetter）为代表的新经济社会学的嵌入性理论的产生，使“嵌入性”成为新经济社会学的标志性概念。格兰诺维特（1985）在《经济行动与社会结构：有关嵌入性问题》的经典性文章中，对主流经济学和社会学两种对立的研究倾向进行了批判：一种是经济学研究中的社会化不足（under-socialized）倾向，即新古典经济学在“理性”假设的框架下，认为经济行动者是完全按照自利动机，以最大化原则为导向的理性行动者，可以不受社会影响地完全按照自己的意愿自主地进行经济决策（零嵌入性立场）；另一种则是社会学研究中的过度社会化（over-socialized）倾向，认为任何行动者都受到社会规范、价值体系的内化影响，将行为人视为完全受外部规范制约、无自主性的行动者（强嵌入性立场或社会嵌入性假设）。格兰诺维特认为这两种极端的观点都犯了一个共同的错误，即忽略了主体之间已经存在的具体的社会关系，及其当前所处的具体社会情境对其决策和行动的影响，并在此基础上进一步分析“嵌入性”，明确指出经济行为嵌于社会结构之中，即“人的行动的嵌入性”假设。由此建立了新经济社会学的研究范式，即假定行动者是有目的的和能够进行理性选择的，同时个人行动又是受其所处的社会结构的影响和制约的（弱嵌入性立场）。

格兰诺维特和斯威德伯格（1992）进一步提出了新经济社会学的三个理论命题：①经济行动是一种社会行动的特殊类型，即将经济行动视为具有多种动机和存在着与他人关系的一种特殊的社会行动进行研究。②经济行动是社会定位的，它不可能仅仅为个人动机所解释，即经济行动嵌入于人际关系网络中并且受其限定。③经济制度是社会建构的，不可能以某种必然的形式自动地产生，即经济制度不仅是一种利益协调机制，也是一种由社会建构的约束机制，合理的制度安排不仅能够为社会行动者的行动提供动力机制，也可以为社会行动者的选择提供约束框架。

嵌入性理论作为社会资本理论的重要理论基础，为社会资本理论在管理学和经济学中的运用架起了桥梁，尤其是对企业社会资本概念的构建具有重要的意义。以嵌入性理论为基础，将社会资源理论和和社会资本理论相融合。美国杜克大学社会学教授林南（2005）将社会资本定义为从社会关系（网络）中获取的资源，进一步关注社会资本在获取和动员社会嵌入性资源中的工具性效用。边燕杰、丘海雄（2000）将企业社会资本界定为企业通过纵向和横向联系以及各种社会关系获取稀缺资源的能力，认为按中国的情况，纵向关系是指企业与上级领导机关、当地政府部门以及下属企业、部门的联系。这种纵向联系的取向主要是向上的，目的是从“上边”获得稀缺资源。因此，政企关系这种社会资本的存在对企业获取其重要的稀缺资源——债务资金，尤其是长期债务资金具有重要意义。一般来说，具有政府背景的企业或政企关系密切的企业，一方面更容易获得政府援助；另一方面，这种社会关系实质上是企业的一种社会资本，代表企业的社会网络关系状况以及企业调度社会网络关系的能力，这会为银行贷款提供一种隐性担保，从而降低了债务契约的履约成本，使得企业能够获得更多的债务资金和长期债务融资。

2）新制度经济学的相关理论

为了解释企业的存在及其内部组织安排，新制度经济学应运而生。新制度经济学的核心就是运用交易成本来分析它们的多样性，人们所能见到的各种经济组织形式、市场习惯做法、交易方式，其相对经济优势起源于交易成本。运用新制度经济学来研究一切社会中的组织形式时，一般应遵循以下三个基本原则：①假设存在一种起作用的规则，低成本组织趋向取代高成本组织；②一旦高成本的组织持续存在，而且似乎人们稍加改变即可增加净产出，我们就应从非常规的地方寻找人们的隐蔽利益；③如果找不到这种隐蔽利益，就应转向寻找政治约束。

政府可以通过重新界定产权结构影响社会的净财富量，也可以通过提供公共产品，从而降低交易成本来实现这一目标。新制度经济学认为，这种在一定程度上由政府所控制的竞赛规则对于决定经济是持续增长还是陷入停滞不前有着举足轻重的作用。但是政府为什么在有些时候会制定一些对经济增长不利的规则呢？用制度经济学的术语来解释，主要原因在于交易成本的存在。如果在政治与经济领域中，交易成本都等于零，那么一国的经济发展并不受政府的影响。但是，如果存在正的交易成本，那么一国政治权力的分配和制度结构就成为决定经济发展的关键因素。

新制度经济学通过理性选择假设和个人效应福利最大化假设可以导出如下结论：以一定的技术状态、产权体系、交易成本为约束条件，个人将寻求导致他们联合起来的使价值趋于最大化的契约安排。下面我们对新制度经济学中的主要理论进行简单介绍。

（1）产权理论

由 Coase（1937、1960），Alchian（1965），Demsetz（1967），Cheung（1969、1983），Williamson（1985），North（1981、1990）等发展起来的产权经济学一直强调制度对契约结构的决定性影响，并重视契约结构相对于交易成本的内生性。众多与产权相关的制度安排，如企业及银行的产权性质、企业的“政治关系”、法律体系等对企业的融资行为及银行的借贷行为具有重要的影响。

按照现有的研究文献（Rajan and Zingales，1995；Demirguc-Kunt and Maksimovic，1999；Booth et al.，2001；Fan et al.，2007），制度对债务期限的影响主要体现在以下三个方面：首先，债务契约的签订、执行受到法律保护程度的重要影响。在投资者法律保护越好的国家，契约在事后越容易得到执行，契约的事前签约成本也越低，因此企业长期负债较多。与长期借款相比，由于短期借款使得债权人更容易控制债务人的机会主义行为，因此在法律保护薄弱、外部交易成本较高的情况下，企业更容易获得短期借款。其次，税收因素同样可能影响企业债务契约。这是因为，企业债务融资与股权融资以及股利政策的安排都会受到税收政策的影响，由于债务具有明显的抵税作用，并且企业面临不同的税收制度，因此企业会采取不同的融资策略，签订不同的债务契约。最后，通货膨胀也是影响债务契约顺利签订的重要因素，不断变动的通货膨胀率将提高借贷双方之间的交易成本。因此，较高的通货膨胀率通常对应着较短的债务期限。

此外，还有很多研究关注非正式制度，如政治关系对债务融资及债务期限结构的影响（La Porta et al.，2002；Giannetti，2003；Faccio，2006；Sapienza，2004；Fan et al.，2006；孙铮等，2005）。当司法体系等正式制度无法保证债务契约有效履行时，替代性的非正式制度能够降低债务契约的履行成本，使企业能够获得更多的长期债务融资。

（2）寻租理论

寻租即寻求租金，是由政府干预导致稀缺所形成的租金，即由于不同体制、权利和组织设置而获得的额外收益，或因政策干预和行政管制而形成的非生产性利润。公共选择学派的代表人物布坎南对寻租理论的发展有突出贡献，他把个人寻租活动的起因归于政府对经济的干预和管制，只要政府行为超出保护财产权、人身权、合同履行等范围，政府分配就在一定程度上支配经济行为，社会资源就不可避免地被部分用于追逐租金这种非生产性活动中。

寻租影响财务资本在公司间的分配（Allen、Qian and Qian，2005）。一般来说，当公司的资源掌握在政府手中时，低质量的政府倾向于通过干预银行信贷将资金转移到其所控制的公司中（La Porta et al.，2002；Sapienza，2004），因此与政府有密切关系的公司更容易进入融资市场与其他竞争者进行竞争，获得更多的长期债务融资。Fan et al.（2006）研究了政治寻租与腐败对公司融资决策的影响，发现相对于没有政治关系的公司来说，具有政治关系或腐败的公司有更高的财务杠杆和长期负债比率，表明政治关系提高了公司获得债务融资尤其是长期债务融资的竞争力。此外，LaPorta et al.（2002）、Faccio（2006）、Khwaja and Mian（2005）、Sapienza（2004）、Dinç（2005）等的研究也支持上述结论。

3）委托代理理论

委托代理问题是交易成本经济学的一个分支。当委托人赋予某个代理人一定的权利时，一种代理关系就建立起来了。在委托代理关系中，与委托人相比，代理人会更确切地了解被分配工作的详细信息，更充分地了解自己的行为状况、能力和偏好。在代理人和委托人之间信息分布不对称的情况下，只要度量代理人特点、业绩及完成契约的成本很高，代理人就可能会进行投机活动。投机行为会增加委托人的成本，即代理成本。一般来说，代理成本的高低取决于两个因素：一是所有权与经营权分离的程度；二是委托代理层级的多少和范围的大小。当然，市场环境也是影响代理成本的一个因素。委托人意识到监督代理人和设立能降低代理成本的契约结构都符合他的利益，因此，委托代理理论要讨论的是如何解决代理问题。至于具体的解决途径，西方经济学界大体上有三条思路：一是从公司筹资角度来降低代理成本，公司的筹资应该使股票和债券的比率确定在两种筹资的边际代理成本相等的点上；二是从经理报酬的结构入手，实行货币收入与非货币收入的结合，采取经理股票期权制度；三是改进公司治理结构，充分利用某些制度安排的互补性降低代理成本。实际中，代理人的行为很少全部度量出来，而且度量行为只出现在度量成本相对低的地方，因此几乎没有人会为消除一切投机行为而投资。

在多层级控股方式下，终极控制人可以用较少的现金流投入实现对公司的完全控制，当市场上不存在对其他不具有控制权的中小股东有效保护的法律制度和监管环境时，终极控制人有牺牲外部中小股东及债权人利益、采取对自身有利的投资和融资政策的激励。因此，在多层级的组织结构方式下，上市公司的委托代理问题主要是终极控制人与中小股东及债权人之间的利益冲突。为了缓和终极控制人与中小股东之间的利益冲突，我们可以考虑引入负债融资，因为负债融资对终极控制人具有激励约束效应，主要体现在：非稀释性防御效应（non-dilution entrenchment effect）、控制效应（control effect）及破产效应（bankruptcy effect）（肖珉、江伟，2004；Du and Dai，2005）三个方面。其中，非稀释性防御效应是指企业采取负债融资时，不会导致终极控制人控制权的稀释，能够保证终极控制人的控制地位不受影响。当终极控制人在上市公司的现金流权较低，而两权分离度较高时，负债融资的非稀释性防御效应尤为突出，因为在这种情况下，如果采取股权融资，新的投资者以较低的投入就可以取代第一大股东的地位，从而导致终极控制人控制地位的丧失。控制效应又称降低控制权私人收益效应。对于债务融资，一方面，企业需要定期偿还本息，从而限制了可供终极控制人自由支配的资源，导致终极控制人私人收益的降低（Hart，

1995；Jensen，1986；Hart and Moore，1998）；另一方面，债权人为了控制债权资金的风险，会通过各种渠道搜集企业控制性股东及企业经营状况的信息，对企业使用资金的情况进行调查，监督企业的投资行为（Holland，1994），这些措施也在一定程度上弱化了终极控制人获取私利的行为。破产效应即如果到期企业不能清偿债务，债权人有权强迫企业进行清算，控制权由股东转移到债权人手中（Grossman and Hart，1982；Zweibel，1996），从而实现债权人对企业的控制。

但是，债务融资在发挥其治理效应的同时，也会导致终极控制人对债权人的利益侵占行为，产生债务代理成本（Jensen and Meckling，1976）。根据相关的研究，债务代理成本主要由以下几种行为引发：资产替代、投资不足、过度投资、债权稀释、股利操纵、资产转移等。对此，根据前面债务期限结构的代理理论，缩短债务的期限能够降低债权代理成本，因为使用期限短的债务能迫使企业定期为投资者生产信息，以评价企业主要经营决策的风险和收益，投资者也可以根据这些信息对不同期限的债务进行重新定价。而且，短期债务通过要求定期支付本金触发有效监督。

4.3 终极控制人性质与债务期限结构关系的理论分析

在转型经济中，政府仍然在资源配置中具有重要作用，理解转型经济中的企业契约结构必须考虑这个特有的制度环境。本节主要从社会嵌入性角度（即假定经济行为是社会定位的），探讨终极控制人性质这种产权制度安排对企业融资行为及融资结构的影响。

4.3.1 制度与企业行为

企业作为市场经济中自我经营、独立决策的经济主体，是整个社会经济的缩影，剖析企业行为方式、研究企业行为动机以及行为制约条件是我们掌握经济主体行为规则和特点、理解经济制度运行的先决条件。通常认为，决定和制约企业行为的因素包括以下两个方面：一是企业内部因素，包括企业动力、利益、目标、决策、刺激、约束等；二是企业外部因素，即制度环境，主要是经营环境、市场条件、供求状况、政策法令以及法律制度等（孙铮等，2005）。按照新制度经济学的分析，制度是一系列用来建立生产、交换与分配基础的基本的政治、社会和法律基础规则，它构成了人类政治交易行为或经济交易行为的激励机制，不同的制度安排将导致不同的市场交易成本（North and Thomas，1973），制度与企业行为由于交易成本而发生联系。

企业行为是企业作为利益主体为实现其自身利益目标对外部环境或信号所做出的持续的、规范的决策或反应，成本收益原则是其基本的行为准则（周立群，1999）。其中，成本不仅包括企业的生产成本，更重要的是企业所面临的交易成本，交易成本的大小将直接影响到规范企业行为的一系列契约的形式、内容与执行。新制度经济学一直强调制度对契约结构的决定性影响，认为契约结构内生于制度约束，是契约成本最小化的结果。因此我们可以认为，制度对企业行为具有引导作用，企业行为是企业适应外部制度环境的理性选择。其中，制度分为正式制度（如法律、政府政策法规等）和非正式制度（如风俗习惯、声誉机制、道德水平、文化等）两种，两者都对保证契约的履行起到重要作用。

4.3.2　制度与债务融资

1）正式制度与债务融资

按照现有的研究文献（Rajan and Zingales，1995；Demirguc-Kunt and Maksimovic，1999；Booth et al.，2001；Fan，Titman and Twite.，2007），法律、税收等制度因素对债务契约具有影响作用。首先，就法律制度因素来说，在投资者法律保护越好的国家，契约在事后越容易得到执行，契约的事前签约成本也越低，因此企业长期负债较多。相反，由于短期借款使得债权人更容易控制债务人的机会主义行为，因此在法律保护薄弱、外部交易成本较高的情况下，企业更容易获得短期借款。其次，由于债务具有明显的抵税作用，因此税收因素同样可能影响企业的债务契约。面临不同的税收制度，企业会采取不同的融资策略，签订不同的债务契约。

然而，上述对正式制度的研究不容易控制非正式制度因素的影响。事实上，企业财务行为的发生是各种经济制度和非经济制度、正式制度和非正式制度共同作用的结果。而且在某些情况下，非正式制度比正式制度更为重要，并且正式制度的缺陷至少可以部分地通过非正式制度的运行得到弥补（Alchian，1965；林毅夫，1994）。例如，Allen、Qian and Qian（2005），以及 Allen et al.（2006）呼吁深入分析在正式机制缺乏的国家，或者在正式机制不完善的经济体中，非正式的、替代性的机制是如何运行的。Granovetter（1985）明确指出经济行为嵌入于社会结构之中，“在人们的经济生活或经济行为中，不是什么制度安排或普遍道德使人们相互间产生有效率的社会互动，而是由于人们被置于特定的网络之中，并由此产生了相互之间的信任，在这个基础上，人们才可能产生有效率的互动”。涂尔干（Durkheim，2006）在批判经济学的“去道德化”时，认为凡是契约存在的地方，都必须服从一种支配力量，这种力量只属于社会，绝不属于个人，个体是一种社会性的存在（而非孤立的存在）。因此，从社会嵌入性角度研究企业社会资本等非经济制度因素对企业融资行为的影响是十分重要且必要的。下面我们主要探讨代表政企关系密切程度的终极控制人性质这种非正式制度对债务履约成本的影响，进而分析其与债务期限结构的关系。

2）非正式制度与债务融资

政企关系作为一种非正式制度，与正式制度之间具有一定的替代性，能降低交易成本和减少经济中的不确定性。因此，在其他约束条件一定的情况下，企业与政府的关系越密切，银行越相信其有动力（能力）最终履行债务契约，从而导致企业与银行之间债务契约的履约成本相对较低，企业更容易从银行取得债务融资。当然，具有政治关系的企业更容易因政府社会目标或官员自身利益的影响而违背企业利润最大化的经营目标（Shleifer and Vishny, 1994），但当企业陷入困境时也更容易得到政府的救济。国有企业普遍存在的预算软约束现象就是政府帮助企业摆脱困境的证据（Kornai, 1986；林毅夫等，2004）。最近的一些研究文献已经证明，具有政治关系的企业即使没有陷入困境，也会得到更多的政府优惠补助，特别是当银行也被国家控制时，政府通过银行贷款对企业进行补助的现象就更为普遍（Khwaja and Mian, 2005；Sapienza, 2004；Dinç, 2005；LaPorta et al., 2002）。例如，Frydman et al.（2000）针对捷克、匈牙利和波兰，Khwaja and Mian（2005）针对巴基斯坦的研究发现，银行对具有政府背景的企业往往存在金融软约束，而且软约束不仅体现在事前的签约，还表现在事中的监督与控制以及事后的契约执行。

因此，给定许多社会资源被政府控制的前提，国有企业与政府之间更为密切的关系会降低债务契约的履约成本，这一方面可能源于政府对银行贷款政策的直接干预，另一方面源于公有企业与政府的良好关系实质上是企业的一种社会资本，代表了企业社会网络关系的状况以及企业调度社会网络关系的能力，这会为银行贷款提供一种隐性担保（孙铮等，2005；Faccio, Mcconnell and Masulis, 2006）。在转型经济中的中国，政府作为国有控股公司最大的股东，对国有控股上市公司的“隐性担保”无处不在，并且在我国对产权问题长期得不到有效解决的情况下，政府管制权力的外溢也会造成强烈的路径依赖，影响市场中各方的理性预期和决策行为。银行作为上市公司的主要债权人，也必然观察到政府和国有上市公司之间隐性契约的存在，并将其纳入自己的理性决策范围之内。这就导致银行在经营管理上呈现出中国银行业所特有的风险“软约束”和“硬约束”并存的“两极”产权约束结构，即一方面银行对国有控股上市公司贷款风险的“软约束”，最终转嫁到国家这个终极控制人身上；另一方面，由于产权归属不同，民营控股上市公司不受隐性契约的担保，当银行贷款给民营控股上市公司时，银行难以将贷款风险转嫁给政府，对民营企业的贷款风险主要由银行自己承担，这必然导致对民营控股上市公司发放贷款的风险“硬约束”（陈冬华等，2005）。很多研究对此提供了证据，如 Brandt and Li（2003）对中国浙江和江苏两省的研究发现，相对乡镇企业而言，私有企业和已经实施私有化的乡镇企业更难获得国有银行的贷款，即使这些企业能获得贷款，它们也面临更高的贷款标准。余明桂等（2007）对民营上市公司政治关系与银行贷款的关系进行研究，结果发现，有政治关系的企业比无政治关系的企业能够获得更多的银行贷款和更长的贷款期限，而且在金融发展水平越落后、法治水平越低和政府侵害产权越严重的地区，政治关系的这种贷款效应越显著。

4.3.3 终极控制人性质与债务期限结构

终极控制人性质作为一种产权制度安排对上市公司的债务期限结构具有重要的影响：一方面，在产权公有的制度背景下，政府要参与到上市公司债务融资活动中并影响甚至决定其债务期限结构的选择，或者通过财政补贴降低企业违约的可能，从而使企业更容易从银行取得长期借款；或者直接通过对银行借贷决策的影响，帮助企业获得长期贷款。另一方面，终极控制人及其控股的上市公司与政府部门紧密的“政企关系”作为一种非正式制度因素，代表企业社会网络关系状况以及企业调度社会网络关系的能力，实质上会为银行贷款提供一种隐性担保，能够使企业更容易从银行取得债务融资和长期贷款。

1）终极控制人的产权性质与债务期限结构

从第 3 章的制度背景分析中，我们认为，自 1978 年以来，中国政府所进行的一系列放权让利的产权改革，导致了中国国有企业多层级控股方式的出现（Fan、Wong and Zhang，2005）。这种组织结构方式在促进政府行政干预职能同企业经营管理职能相分离、提高企业效率的同时，也不可避免地导致政府的干预行为①。因为相对于非国有企业来说，国有企业普遍承受着来自各级政府不同程度的政策性负担，即使改制上市也没有改变国有企业的这一弊端。作为实际控制人的各级政府仍然有能力也有足够的动机，将经济发展战略、税收、就业、社会福利和社会稳定等多元社会性目标通过大股东转移到上市公司（夏立军、方铁强，2005；朱红军等，2007），以实现其私人收益。当然，政府的行政干预除了包括上述政府的“掠夺之手”外，还包括政府的“援助之手”，而政府的干预行为又不可避免地导致预算软约束问题。另外，中国利率管制以及对债权人法律保护较弱的制度背景，降低了银行参与公司治理的动机，扭曲了银行对债务人进行约束乃至强行破产的机制，使国有企业由于负债融资所带来的外部约束治理机制发生变异，这一方面加剧了国有企业的预算软约束问题②，另一方面导致了只有有关系、能提供足够抵押或担保的企业才能获得银行贷款。

上述政府干预与控制的制度背景意味着，当企业经营陷于困境、资不抵债时，政府可能会对其进行“援助”，帮助企业走出困境。在公有产权的制度背景下，政府参与企业经营或银行借贷的行为对企业债务期限的影响体现在：其一，通过财政补贴降低企业违约的可能，企业更容易从银行取得长期借款；其二，直接通过对银行借贷决策的影响，帮助企业获得贷款，并且为了降低官员轮换对贷款成本的影响，这种贷款更多的是长期贷款（Fan、Titman and Twite，2007）；其三，通过维持货币的可预测值为长期债务的发行

① 本研究对政府干预的界定是中性的，既包括影响企业正常生产经营、干预企业自我决策的掠夺行为，也包括政府对企业的政策倾斜、税收优惠、提供补贴等援助行为。

② 当然，近几年来，国有商业银行也在进行市场化改革，原来国有独资商业银行受制于政府的局面有所改变。因此，银行作为债权人对企业的监督约束作用会逐渐加强，企业的信贷软约束问题应该有所减缓。

提供便利（Gemirguc-Kunt and Maksimovic，1999）。此外，政府与企业的密切关系为国有企业贷款提供了一种“隐性担保”，能够为企业带来更多的长期债务融资。很多研究对此提供了证据。例如，Charumilind et al.（2006）考察了“政治关系”对泰国企业获得银行长期贷款的影响。研究发现，拥有“政治关系”的企业能从银行那里获得更多的长期贷款。Fan、Rui and Zhao（2006）认为，在中国由政府掌握企业资源的制度安排下，导致有政治关系的企业可以与其他竞争者进行竞争，获得更多的资源（如获得更多的商业机会、更容易进入融资市场等）。由于长期贷款是一种稀有资源，因此能够得到这种资源的往往是有政治关系的企业。孙铮等（2005）认为，在银行公有和企业公有的产权制度安排下，政府干预作为司法体系的替代机制，降低了债务契约的履约成本，从而导致具有“政治关系”的企业在缺乏保护债权人的法律环境下仍能够获得长期银行贷款的支持。银行在进行贷款风险评估时，将充分预计政府对国有控股企业进行援助的可能性，因此倾向于对具有政府背景的上市公司发放长期贷款。相比之下，银行在对非国有控股公司发放贷款时要谨慎得多，因为国家对这类公司的财政支持或政策倾斜相对较少，一旦违约，这类公司获得国家援助的可能性较低，所以为了控制风险，银行倾向于对其发放短期贷款。

基于上述分析，我们认为，当终极控制人为国有控股股东时，政府与公司之间的关系越密切，政府干预越多，政府控制现象越明显，公司越有可能获得长期债务融资。因此，在其他情况相同，且终极控制人的产权性质为国有时，由其所控制的上市公司具有更多的长期债务资金。

2）终极控制人的行政属性与债务期限结构

上述分析表明，政府对国有控股上市公司的行政干预行为会影响企业的债务期限结构，事实上，对于不同行政级别的政府来说，它们对国有控股上市公司进行行政干预的程度并不一样，由此导致了企业不同的债务融资行为。一般来说，政府的行政级别越高，越注意自己的形象，越注意约束自己的行为，从而减少对企业的干预。政府行政干预行为的差异与中国财政分权的改革背景有关。1994 年，中国开始实行分税制，导致中央政府掌握了更多的财政资源，使得中央政府更有能力为其所控制的企业提供支持，降低了中央政府通过对信贷资源的干预来支持企业发展的动机，而且对中央政府所主导的银行系统的改革，也减少了政府对银行系统的干预，所以中央政府会更加注重约束自己的行为。

而对于地方政府来说，财政分权使得地方政府获得了更多的财政自主权和经济管理权，地方政府获得了明确的地方收益，同时也被赋予较大的独立事权，承担了更大的地区社会管理责任（周业安、赵晓男，2002）。地方政府的公共治理以及政府间的竞争均要求地方政府提供高质量的公共产品，但在集权制下，地方政府可运用的政策工具相对有限，且由于税收立法权归中央，地方政府无法通过税收政策保障公共产品的供给，所以地方政府只能通过扩大财政支出和直接介入微观经济活动来满足上述需要，而财政支出扩张的范围受制于地方的财政收入。因此分权改革后，地方政府在本地企业中拥有比过去更多的利益来源。地方财政预算很大一部分来自地方国有企业的收入，地方预算支出也有较大部分用于对地方国有企业的投资（张曙光，2005）。不仅如此，诸如地区经济发展、社会福利、社会稳定以及地区间竞争等政绩目标的实现，甚至地方领导的个人晋升和寻租机会等，都可能通过地方企业得以实现。因此，地方政府有能力也有动机将地方企业纳入其公共治理的重要渠道。对地方企业来说，持续经营和发展壮大也需要与地方政府建立长期稳定的关系。在这种关系下，地方政府可在一定程度上影响企业的决策权、收入支配权和转让权，企业则以弱化或出让部分产权换取一个有利的经营环境，从而获得更多的“政府庇护”，如获得更多的财政补贴、税收和银行贷款优惠，以及在地区经济规划和政策制定中得到额外的关照等。所有这些“关系产权”带来的好处将诱使地方企业“自愿”融入地方政府的公共治理过程。因此，政府分权改革的后果是，地方企业顺理成章地成为地方政府进行公共治理的重要地盘（郑国坚、魏明海，2007），地方政府的利益与其所控制的企业的利益更紧密地联系在了一起。很多研究对此提供了证据，如 Jin、Qian and Weingast（1999）的研究发现，在财政体制改革前，各省的财政收入与财政支出的相关系数仅为 0.18；而在财政体制改革后，相关系数高达 0.75。这意味着在财政体制改革后，地方政府要扩大财政支出就必须通过各种渠道扩大本地利益，从而使得地方政府有动机去保护作为其税基的当地公司，以及作为其政治权力基础、私人收益和财政收入来源的国有企业（Bai et al.，2004），这加强了地方政府竞争资源的动机。这种动机在行动上体现为对地方政府所控制的企业的支持以及地方保护主义行为。陈晓、李静（2001）发现地方政府为提升上市公司业绩而向企业大面积地提供税收优惠与补贴。陈冬华（2003）发现，具有地方政府背景的董事显著地提高了上市公司 IPO 次年补贴收入占利润总额的比例，而具有中央政府背景的董事对公司获得的补贴收入在统计上没有显著性。Poncet（2005）对中国市场的分割问题进行了度量与分析，发现地方政府以阻碍其他省份产品进入本地市场的方式保护本地企业的利益与本地就业，以实现本地财政收入的最大化。

但是从目前获得的上市公司数据来看，虽然政府对上市公司的财政补贴依然存在，但无论是补贴的金额还是获得补贴的上市公司的数量都已经越来越少，政府的干预主要还是体现在对银行决策的影响上（黎凯、叶建芳，2007），这加强了地方政府干预银行信贷资源的动机和强度（朱恒鹏，2004）。因为对于地方政府来说，支持地方国有企业从信贷市场获得资源，不仅符合国家宏观经济政策，还可以减轻财政负担、解决就业问题、促进经济发展，并给政府官员带来大量可直接控制的资源。同时，地方政府也有可能将一些发展地方经济、解决就业问题等的政策性负担强加于其所控制的上市公司（夏立军、方铁强，2005；黎凯、叶建芳，2007；朱红军等，2007）。另外，地方政府官员的人事任免制度（任期制）与业绩考核方式（以地区 GDP、税收增长率、就业率等经济绩效指标为依据）的变化，也促使地方政府官员出于自身政治晋升的考虑而对当地金融部门的信贷决策和信贷行为进行干预（周业安，2003；周黎安，2005；张军、金煜，2005 等）。

综上所述，我们认为政府控股股东的行政级别越低，其经济诉求性越强，从而其干预企业经营与金融部门信贷决策的动机越强，越有可能为企业获得更多的长期贷款而服务。对于信贷部门来说，考虑到地方政府对企业的支持行为，即使企业的风险较高，也愿意为企业提供长期贷款。

基于上述理论分析，我们提出了关于终极控制人性质与债务期限结构关系的两个研究假设：

假设 1：相对于非国有控股的上市公司来说，国有控股的上市公司长期负债比率更高。

假设 2：相对于政府控股的上市公司来说，政府的行政级别越低，由其所控制的上市公司长期负债的比率越高。

4.4 终极控制人经济动机与债务期限结构关系的理论分析

在考察企业的融资行为时，必须在明确企业融资活动决策人的基础上，考虑主要决策人的行为动机和利益取向对企业融资活动的影响，这样才能对企业融资行为和融资结构做出正确的解释。本节主要基于我国的制度背景，运用嵌入性理论、委托代理理论、信号理论等理论工具来分析终极控制人的效率促进动机及私人收益动机与企业债务期限的关系。

4.4.1 多层级组织结构下终极控制人的经济动机

一般来说，当终极控制人在上市公司的现金流权很低而两权分离度较高时，终极控制人更有动机来侵占上市公司中小股东及债权人的利益。因为终极控制人按其在上市公司的所有权比例所分享到的剩余收益较低，而如果能够利用控制权转移部分上市公司的资源，就可以提高私人收益。从表面上看，如果终极控制人转移了上市公司的资源，那么包括终极控制人自己在内的所有股东都会受到损失。但是，通过金字塔式结构和交叉持股等方式，终极控制人的控制权大于现金流量权，只要通过转移上市公司资源所获得的好处大于因此而产生的损失，终极控制人就会有动机转移上市公司的资源，对中小投资者实施掠夺。换句话说，终极控制人将转移上市公司资源的收益独享，却将这种侵害公司的机会主义行为的成本外部化给所有投资者承担。正如 Shleifer and Vishny（1986）的实证研究所指出的，当控股股东可以对公司施加有效的控制，且掌握的控制权大幅超过其对公司现金流量的请求权时，控股股东增大现金流量的积极性也相对较弱，其将有强烈的动机侵占小股东的利益，以实现自身利益的最大化，即所谓的利益侵占效应。当然，如果终极控制人在上市公司的现金流权很高而两权分离度较低，那么终极控制人与上市公司中小股东及债权人之间存在利益协同效应，其更有动机增加企业利润，最大化按其所有权比例分享的收益。LLSV（2002）提出了一个模型，说明终极控制人的代理问题。这里我们简单介绍 LLSV（2002）的模型，以说明不同控制程度下终极控制人的经济动机。

终极控制人在公司中的现金流量权为 α，我们假设 α 是由公司的历史外生给定的。公司的现金流量为 I，投资于收益率为 R 的项目。假设公司没有成本，则公司的收益为 RI。由于终极控制人拥有公司的控制权，因此在将收益分配给所有股东之前，终极控制人能够将公司收益的一部分（S）转移给自己。其中利润转移是有成本的，假设其成本占总利润的比例为 C（S，P），则终极控制人实际从转移中得到的收益为 SRI-C（S，P）RI。这里，P 表示终极控制人对公司的控制程度，P 由法律环境和其他股东的权力所决定。

我们假定：

$$\frac{\partial C(S, P)}{\partial S}>0, \quad \frac{\partial^2 C(S, P)}{\partial S^2}>0,$$

$$\frac{\partial C(S, P)}{\partial P\partial S}<0, \quad \frac{\partial^2 C(S, P)}{\partial P\partial S}<0$$

$\frac{\partial C(S, P)}{\partial S}>0$，意味着转移利润的边际成本为正。$\frac{\partial^2 C(S, P)}{\partial S^2}>0$，意味着利润转移越多，转移的边际成本越高。$\frac{\partial C(S, P)}{\partial P\partial S}<0$，表示终极控制人对公司的控制程度越高，利润转移的成本越低。$\frac{\partial^2 C(S, P)}{\partial P\partial S}<0$，表示随着终极控制人对公司控制程度的提高，其边际利润转移的边际成本越低。

在以上假设条件下，终极控制人效用最大化函数为：

$$U=\alpha(1-S)RI+SRI-C(S, P)RI$$

式中：$\alpha(1-S)RI$ 表示终极控制人从利润转移后的剩余部分中按其拥有的现金流量权分享的份额（相当于按其持股比例分配到的股利）；$SRI-C(S, P)RI$ 表示终极控制人从利润转移中得到的私有收益。

假定 S 的最优解不受 RI 和公司规模的影响，则终极控制人效用最大化函数为：

$$U=\alpha(1-S)+S-C(S, P) \tag{4.1}$$

（4.1）式的一阶条件为：

$$\frac{\partial U}{\partial S}=-\alpha+1-\frac{\partial C(S, P)}{\partial S}$$

上式可以整理为：

$$\frac{\partial C(S, P)}{\partial S}=1-\alpha \tag{4.2}$$

（4.2）式表示终极控制人持有上市公司的现金流量权越多，转移利润的动机越小，对小股东的掠夺水平也越低。

对（4.2）式中的 α 求导，可得：

$$\frac{\partial^2 C(S,P)}{\partial S^2}\frac{dS^*}{d\alpha}=-1$$

根据对函数 C（S，P）的假设，上式可写为：

$$\frac{dS^*}{d\alpha}=-\frac{1}{\frac{\partial^2 C(S,P)}{\partial S^2}}<0 \tag{4.3}$$

从（4.3）式我们可以得出这样的结论：终极控制人的现金流量权越小，对小股东的掠夺越严重。

以 $q=(1-S^*)RI$ 表示公司价值，此式也表明公司其他股东只能获得共享收益，而不能获得控制权私人收益。关于 α 对 $q=(1-S^*)RI$ 求导可得：

$$\frac{dq}{d\alpha}=-\frac{dS^*}{d\alpha}RI>0 \tag{4.4}$$

（4.4）式意味着，在其他情况相同的条件下，终极控制人的现金流量权越小，公司价值越低。

从上述理论模型我们可以得出下述结论：终极控制人的现金流权越高，其效率促进的动机越强，终极控制人与中小股东之间的利益协同效应占主导地位；而当终极控制人的现金流权很低、控制权分离程度越大时，终极控制人追求私人收益的动机越强，终极控制人与中小股东之间的代理问题占主导地位。

4.4.2 终极控制人私人收益动机下的债务期限选择决策

根据委托代理理论，股东对债权人的利益侵占动机越强，债权代理成本越高，而短期债务融资的增加，能够在一定程度上缓和股东与债权人之间的利益冲突，降低代理成本。由此我们认为，当债务融资的治理效应能够正常发挥作用时，终极控制人的利益侵占动机与债务期限结构之间存在负相关关系。但是根据嵌入性理论，终极控制人尝试进行的有目的的行动是嵌入在具体的、正在进行的社会关系体系中的，必须在人的理性选择中加进非经济动机和非经济因素，尤其是社会结构因素对人的行动的影响，因此，我们还需要考虑客观制度因素对终极控制人私人收益动机与债务期限结构关系的影响。本书主要关注终极控制人性质这种客观制度安排及其所代表的政企关系这种非正式制度安排对债务融资期限的影响。

1）终极控制人私人收益的表现形式

如前所述，在多层级组织结构下，当终极控制人在上市公司的现金流权较低而两权分离度较高时，终极控制人有动机最大化私人收益。当然，由于在我国不同性质的终极控制人选择多层级控股方式的背景及动机不尽相同，因此导致终极控制人控制权私人收益的表现形式也存在差异。对于国有企业来说，基于政府分权动机的改革所产生的多层级控股结构方式，对提高企业效率起到了一定的积极作用，但是由于所有者缺位，因此各级政府及其官员掌握了对国有企业的最终控制权。基于现行的政府考核机制，各级政府机构及其官员作为一个集团有着自身的行为目标，其不仅要关注经济目标，希望国有企业能够保值增值，在一定情况下，还要考虑经济发展战略、就业、社会稳定、地区经济实力、财政收入、收入再分配等问题。当政府没有办法通过自身能力解决这些问题的时候，他们就可能通过行政干预①的方式让其所控制的国有企业来帮助他们实现。因此，政府向国有控股企业转嫁政策性负担②是政府获得控制权私人收益的主要表现形式③（朱红军等，2007）。另外，很多国有企业在改制上市的过程中，从以前的体制中继承了大量的政策性负担，从而导致企业上市后，控股股东的资产质量较差、负担很重，这无疑也会激励终极控制人通过“隧道挖掘”的方式来获取

① 这里政府的行政干预既体现为政府对上市公司资源的“掠夺”，以实现社会性目标或政治目标甚至官员的自利目标；也体现为政府对上市公司的“援助”，以补偿国有企业改革过程中，具有特殊经济地位的国有企业以牺牲自身的利益为代价所承担的政策性负担所付出的成本。

② 所谓政策性负担，理论上是指国有企业的自生产能力所产生的战略性负担以及社会冗员、社会养老等社会性负担（林毅夫等，2004）。

③ 当然，我们不排除国有控股股东会通过其他途径，如资产替代、股利操纵、债权稀释、变更募集资金投向等方式来侵占债权人的利益，获取控制权私人收益。

控制权私人收益（邓建平等，2007）。对于不同行政级别的政府机构来说，向国有控股的企业转嫁政策性负担的程度并不一样。一般来说，相对于中央政府，地方政府更有动机来干预企业的经营，以维护地方经济的发展、解决当地财政收支问题、提高官员的政绩。因此，地方政府依赖于社会目标或政治目标甚至官员的自利目标的实现来获取控制权私人收益的动机要强于中央政府。

相比之下，中国的民营企业尽管很大一部分脱胎于乡镇企业或由国有企业民营化而来，与政府部门也存在一定的关系，但是民营企业没有承担像国有企业那样多的社会责任，因而民营企业也不可能获得像国有企业那样多的政府援助（罗党论、唐清泉，2007）。当然，政府也不会对民营企业进行过多的行政干预，或转嫁政策性负担。这导致民营企业主更有可能基于融资的需求，隐匿身份、财富、交易，以及免于政府监督的动机而组建多层级的组织结构来控制上市公司。而目前我国对投资者的法律保护较弱、市场机制尚不完善的外部环境，使得私营企业主既有动机又有能力来转移上市公司的资源，侵占中小股东及债权人的利益，而这也是民营企业主获得控制权私人收益的主要来源。

2）终极控制人的债务融资决策

当企业扩大投资或扩张规模需要从外部筹集资金时，基于私人收益动机考虑的终极控制人将会如何影响上市公司的融资决策呢？一方面，根据负债融资的控制效应及破产效应，增加负债融资会使控股股东处于监督中，最终减少终极控制人所能获得的控制权私人收益，甚至会威胁到其控制地位，因此理性的终极控制人会放弃或减少企业的负债融资，采取配股、增发等方式进行股权融资以筹集企业发展所需要的资金。另一方面，负债融资具有非稀释性防御效应，增加负债融资能够防止外来投资者的收购、兼并等行为对终极控制人控制地位的威胁，特别是当终极控制人在上市公司的现金流权较低、两权分离度较高的情况下，负债融资的非稀释性防御效应尤为突出。从这个角度来说，终极控制人会做出进行债务融资而非股权融资的决策。在我国，以最大化控制权私人收益为目标的终极控制人基于上述两方面的考虑是增加负债融资还是减少负债融资，需要结合我国的融资制度背景进行分析。

首先，近几年来，我国政府对上市公司的再融资行为进行了严格管制，特别是在股权分置改革阶段，大多数上市公司的再融资机会近乎为零（戴璐、汤谷良，2007），而且也并非所有上市公司都能通过股票市场及时筹集企业发展所需要的资金。

其次，我国利率受到管制，保证负债融资的治理机制发挥作用的外部环境（如破产机制、法律机制、经理人市场等）尚不完善，从而导致负债融资的控制效应及破产效应失效。2002 年，《关于审理企业破产案件若干问题的规定》公布，这虽然为我国上市公司的破产提供了初步的法律依据，但由于上市“壳”资源短缺、地方政府扶持等原因，我国上市公司的破产机制实际上并未真正启动[①]。这样的法律与制度环境，决定了我国国有商业银行要想在上市公司的公司治理中扮演积极的控制与监督作用，尚需要一定的时间。Zou and Xiao（2006）也指出，中国的《公司法》对债权人的权利界定模糊，政府和大股东在债务重组和破产决策中权力过大，企业的财务危机成本较低。

最后，对于国有企业来说，在银行和企业产权公有的制度安排下，不可避免地会导致政府的行政干预行为及由此所引发的信贷软约束问题，由此导致负债融资治理效应的弱化，从而降低了债务契约的履约成本；国有商业银行不能行使债权人应有的追溯收益的权利，扭曲了银行对企业进行约束乃至强行破产的机制，使国有企业由于负债融资所带来的外部约束治理机制发生变异（张晓农，2006）。

因此，就现阶段而言，上市公司的大股东可能不会重视负债的

① 当然，近几年有所改变，如 2006 年颁布的《中华人民共和国企业破产法》规定，对国有企业政策性破产的倾斜和照顾只维持到 2008 年，这将为债权人维护其权益提供法律保障。

控制效应及破产效应对他们控制权的影响，而是主要考虑负债的股权非稀释效应，利用更多的负债融资来对外部投资者进行剥削（Faccio，Lang and Young，2001；肖珉、江伟，2004；江伟、沈艺峰，2005）。还有一些学者对控股股东私人收益动机下的债务融资决策行为进行了研究，并提供了类似的证据，如Faccio、Lang and Young（2001）的研究发现，在欧洲资本市场的监督功能相对有效的情况下，由于由大股东紧密控制的集团公司受到资本市场的监督，因此在大股东现金流权与控制权分离较为严重的这类集团公司只能进行较少的负债融资，从而对外部投资者进行剥削；而在亚洲资本市场的监督功能相对无效的情况下，由于由大股东松散控制的集团公司更不会受到资本市场的监督，因此在大股东现金流权与控制权分离较为严重的集团公司会更多地进行负债融资，从而对外部投资者进行更多的剥削。Mueller（2003）研究了私有公司业主的控制权私利对公司融资决策和成长性的影响，发现如果因为公司扩张导致业主丧失控制权的可能性较高，则业主会倾向于以债务融资替代外部权益融资，且不惜以减缓成长性为代价放弃外部权益融资。Du and Dai（2005）发现，如果控制性股东拥有的现金流权很低，为了防止股权被稀释，仍保持控制地位，控制性股东倾向于进行负债融资。李善民、曾昭灶（2003）发现，我国上市公司控制权转移的概率与第一大股东的持股比例呈显著的负相关关系，上市公司的大股东（尤其是持股比例较小的大股东）出于保持对公司控制权的考虑，将更加重视负债的股权非稀释效应。

3）终极控制人的债务期限选择决策

根据上述分析，在中国当前的融资制度背景下，终极控制人追求私人收益的动机促使其更倾向于采取负债融资的方式筹措资金，那么下面的问题是，终极控制人是倾向于采取短期负债融资还是长期负债融资呢？

从信息不对称的角度来说，短期负债融资较长期负债融资更能够向外界传递企业经营良好的信号。这是因为：一方面，根据委托代理理论，短期负债融资能够缓解企业内部由于控股股东与债权人及其他投资者之间的利益冲突而引发的资产替代、投资不足及过度投资行为，降低企业的代理成本（Jensen and Meckling，1976；Myers，1977；Jensen，1986）。那么企业采取短期负债融资，意味着企业内部代理成本较低，债权人及其他中小投资者的投资风险较低，因此企业可以以较低的成本借入资金。另一方面，根据信号理论，短期债务具有信号传递效应，能够向外部投资者传递企业的真实价值，减少信息不对称，而且越是在信息不对称的情况下，短期债务的信号传递效应越突出（Flannery，1986；Kale and Noe，1990）。

从代理成本的角度来说，一方面，由于制度建设与市场发展的原因，中国多数企业均存在较为突出的信息不对称问题，长期债务的代理成本较短期债务的代理成本要大得多。债权人作为理性的投资者，会对此产生预期，并在债务资金价格中反映出来：长期债务资金的利率高，短期债务资金的利率低[①]（陈耿，2007；罗正英等，2006）。因此，从降低融资成本的角度出发，终极控制人会考虑选择短期债务资金。李胜坤、齐寅峰（2006）对全国23个省市、自治区范围内的670家公司（其中，上市公司210家，非上市公司460家）的债务融资工具的选择及影响企业负债期限选择的主要因素进行问卷调查的结果对此提供了证据，他们发现，我国企业对短期债务的使用明显超过长期债务，而这主要由短期债务的易获得性及低成本所导致。

另一方面，从前面的分析可以知道，理论上，相对于长期负债来说，短期负债对终极控制人及企业管理者具有更强的约束力。首

① 当然，近一段时期以来，随着商业银行改革及利率调整的不断进行，长短期债务的利率差距在不断缩小，但这并不代表长短期债务的代理成本差距的变化。我国的利率仍然受到政府管制，很大程度上是政府意志的表现，并不能完全体现商业银行自身的意愿与资金交易的实际价格。即使利率调整后长短期债务的名义利率差距在缩小，但商业银行可能会对长期贷款实行严格的“配给”政策，从而对长期债务的高代理成本进行补偿。在这种情况下，企业债务资金的来源仍以短期债务资金为主（陈耿，2007）。

先，企业采取短期负债融资的方式，到期必须偿付本息，这会减少内部管理者可支配的自由现金流量，降低控制性股东可获得的收益（Hart，1995；Jensen，1986；Hart and Moore，1998）；其次，为了保证借款能够如期归还，债权人也会采取相应措施对股东及经营管理人员的投资行为进行监督，而且短期内的监督更为及时有效；最后，如果企业经营不善陷入危机，债权人有权要求企业进行破产清算，甚至导致企业的控制权由股东转移给债权人（Aghion and Bolton，1992）。从这个角度来说，企业倾向于减少短期负债融资。

但是，如前所述，负债融资正面治理效应的发挥必须有完善的治理保障机制，如产权制度、破产机制、法律机制等，以尽可能地防止债务人通过各种方式来侵占债权人的利益（周艺，2004）。而我国现实的情况是，一方面，我国外部资本市场不健全，信息披露不规范，经理人市场、产品市场尚未建立，相关的债权人保护机制和体系，如破产机制、债务契约条款也有待完善，这导致我国短期负债融资治理机制的弱化，短期负债融资不仅没有发挥激励企业内部管理者努力工作的作用，还为控股股东最大化私人收益提供了便利，于是“短债常借”成为一种可能的替代机制，即存在短期负债对长期负债的“替代效应”，这在政府干预程度很低的企业，如民营企业中的表现尤为突出；另一方面，在当前我国经济转轨阶段，政府干预作为司法体系的替代机制，降低了债务契约的履约成本，从而导致具有“政治关系”的企业在缺乏保护债权人的法律环境下仍能获得银行的长期贷款支持①（孙铮等，2005），即存在长期负债对短期负债的“挤占效应”。对此，也有很多研究提供了证据。例如，孙铮、刘凤委、李增泉（2005）的实证研究发现，上市公司所在地区的市场化程度越高，长期负债占总负债的比重越

① 当然，在国有企业改革过程中，为了保证国家改革政策和改革措施的顺利贯彻执行，为其他成分的非国有经济发展创造外部条件，具有特殊经济地位的国有企业往往会以牺牲自身的利益为代价来承担这种改革的社会成本，而正是这种承担改革成本的理由，也成为国有企业通过各级政府向财政和银行索要各种补贴和银行贷款的筹码（林毅夫，2004；张晖、倪桂萍，2007）。

低。田利辉（2006）的研究发现，虽然在银行市场化改革阶段，我国银行表面上取得的坏账大幅缩减，但是这主要来源于政府通过财政债券和外汇储备向商业银行的几次资本注入。我国的银行仍然没有向贷款企业提供有效的监督约束，反而加重了企业预算软约束，便利了经理腐化浪费。戴璐、汤谷良（2007）基于上海科技与东盛科技的案例分析发现，以短期借款为主的债务融资没有产生约束作用，却被用于满足大股东的私有利益。

综上所述，如果终极控制人追求控制权私人收益，那么上市公司中短期负债的比率较高，但是终极控制人控制权私人收益与上市公司债务期限结构的负相关关系受终极控制人产权性质的影响，如果终极控制人为政府机构，上市公司获得银行长期贷款的可能性提高，从而导致终极控制人控制权私人收益与上市公司债务期限结构的负相关关系不再显著，甚至会出现正相关关系。

4）终极控制人私人收益动机下债权人的资金供给行为

（1）基于风险控制考虑的债权人资金供给行为

有关企业融资决策的研究表明，在法律体系不健全、公司治理不完善的情况下，债权人[①]较少为企业提供长期债务融资（Rajan and Zingales，1995；LLSV，1998；Demirgtic-Kunt and Maksimovic，1999；Booth、Aivazian、Demirguc-Kunt and Maksimovic，2001；Giannetti，2003；Fan et al.，2006），原因在于：首先，相对于长期债务融资，短期债务融资使得债权人能够及时和经常地获得企业生产和经营方面的信息，从而有利于债权人对企业进行更加紧密地监督与控制（Diamond，1991；Rajan，1992）；其次，在短期内，贷款企业的资产结构与资产价值不会发生很大的变化，风险较低；最后，即使企业面临破产，短期债务融资也更有利于债权人收回资金（Diamond and Rajan，2001）。而对于长期贷款来说，由于债务

① 在我国，企业的债务资金主要来源于银行贷款，所以本书主要从银行的角度对债权人进行分析。

期限长，违约风险相对高，因此企业要想获得更多的长期债务融资，就必须向债权人提供更多的信息或担保，债权人为此也要进行更多的监督，即长期债务对外部契约履约机制的依赖性更强（Diamond，1991、1993）。基于上述分析，我们认为，如果外部契约的履约成本较高，如信息不对称问题严重、法律体系不够健全、实施效率不高或使用成本高昂，那么长期债务违约风险更高。银行为了控制风险，一般不会轻易向企业提供长期贷款服务（Stiglitz and Weiss，1981；Demirguc-Kunt and Maksimovic，1999）。

就我国而言，由于相关法律法规不完善，执行效力不高，公司治理结构不是很完善（Allen、Qian and Qian，2005），对债权人的法律保护不足，因此，银行更愿意提供短期债务融资，以此对上市公司进行监督和控制（江伟、李斌，2006；沈艺峰等，2006），降低贷款违约风险。另外，在政府管制的背景下，银行对长期贷款的审核往往比较苛刻，主要依赖于企业是否有获得批文的投资项目（齐寅峰等，2004），这也促使银行主要对企业提供短期债务融资。而多层级的控股组织结构方式更加剧了银行提供短期资金服务的倾向，因为在多层级控股方式下，终极控制人与上市公司的控制关系复杂，上市公司的信息透明度相对较低，信息不对称程度较高，所以为了控制偿债风险，债权人更可能对企业提供短期债务融资。

（2）政府控制下债权人的差别贷款行为

但是，上述结论不能一概而论，因为银行对于由不同背景的终极控制人所控制的上市公司存在差别贷款行为（江伟、李斌，2006）。一般来说，银行更愿意为国有企业性质的终极控制人所控制的上市公司提供长期贷款服务，原因在于：一方面，我国目前的银行主要为国有银行，在上市公司与银行均为国有的产权性质下，国有银行更可能出于政治目的而非营利目的对企业提供贷款（Brandt and Li，2003），因此，当国有企业性质的终极控制人所控制的上市公司需要长期债务融资时，银行可能会减少对此类上市公司的信息或担保需求，同时也较少考虑对此类上市公司的未来监督；另一方面，我国企业与银行产权公有的制度安排，不可避免地会导致企业预算软约束问题，当企业陷入财务困境时，政府出于社会稳定、职工就业等政治目的的考虑而更有可能对国有控股的企业提供财政援助（Brandt and Li，2003）。银行在进行贷款风险评估时，将充分预计政府对国有控股的企业进行援助的可能性，因此倾向于对具有政府背景的上市公司发放长期贷款。此外，我国政府对国有企业高管人员的人事控制权，易导致国有银行经理人员的寻租行为，使其出于职位晋升等个人目的的考虑而有意迎合政府的政治目的，为国有控股的企业提供长期贷款服务（江伟、李斌，2006）。

4.4.3　终极控制人效率促进动机下的债务融资决策

1）终极控制人的债务融资决策

如前所述，基于私人收益动机考虑的终极控制人通过增加负债融资来满足企业对资金的需求，那么在效率促进动机下，终极控制人如何根据负债对控制权的影响来进行负债融资呢？首先，由于负债融资的非稀释性防御效应，因此出于保持对企业控制权的考虑，终极控制人更倾向于采取负债的方式进行融资。其次，根据信号理论，负债融资能够向外界传递企业经营良好的信号，因此为了降低信息不对称的程度，传达企业发展良好的信息，终极控制人也愿意增加负债融资。最后，在效率促进动机下，终极控制人与中小股东及债权人之间的代理问题并不占主要地位，因此负债融资的控制效应及破产效应对终极控制人的影响减弱；相反，增加负债融资能够激励企业管理者努力工作，降低股东与管理者之间的利益冲突，促使企业经营效率的提高。所以，在效率促进动机下，终极控制人更可能做出增加负债融资的决策。

2）终极控制人的债务期限选择决策

根据上述分析，终极控制人的效率促进动机促使其更倾向于采取负债融资方式筹措资金，那么下面的问题是，终极控制人是倾向于采取短期负债融资还是长期负债融资呢？

根据终极控制人与中小股东之间代理问题的分析，当终极控制人在上市公司的所有权比例较高而两权分离度较低时，终极控制人与上市公司存在利益协同效应，其效率促进的动机越强。因此，效率促进动机下终极控制人与中小股东及债权人之间的代理问题较私人收益动机下终极控制人与中小股东及债权人之间的代理问题要小得多，在此情景下，终极控制人通过增加短期负债融资来降低资产替代、投资不足、过度投资等代理问题的动机相对较弱，而更可能基于企业扩张的动机来筹集长期负债融资。而且长期负债融资在一定程度上能够阻止企业管理人员“建造帝国的”行为，防止无效率的投资行为。当然，从信息不对称的角度来说，短期负债融资较长期负债融资更能够向外界传递企业经营良好的信号。但是在企业代理问题并不严重的情况下，企业与外部投资者之间的信息不对称程度较低，此时短期债务的信号传递效应不再具有重要意义（Flannery，1986；Kale and Noe，1990；Diamond，1991），投资者更可能基于其他方面的信息来进行投资。此外，从债务融资成本的角度来说，虽然在通常意义上长期债务的成本高于短期债务，但是如前面的分析，在我国制度背景下，存在短期负债对长期负债的替代效应，即“短债常借”成为一种替代机制，企业并非不需要长期债务融资，而且考虑签约成本、时间价值等因素，即破产成本和交易成本等因素后，长期债务的融资成本并不高于短期债务。

3）终极控制人效率促进动机下债权人的资金供给行为

如上所述，相对于短期债务来说，长期债务对外部契约履约机制的依赖性更强（Diamond，1991、1993）。因此，如果外部契约的履约成本较高，如信息不对称问题严重、法律体系不够健全、实施效率不高或使用成本高昂，那么长期债务违约风险更高，银行为了控制风险，一般不会轻易向企业提供长期贷款服务（Stiglitz and Weiss，1981；Demirguc-Kunt and Maksimovic，1999）。但是在终极控制人的效率促进动机下，一方面，终极控制人与企业的代理成本较低，终极控制人与债权人之间存在利益协同效应；另一方面，企业的信息不对称程度相对较低，风险也较低，而且在终极控制人的效率促进动机下，企业的发展潜力较好，银行作为投资者也更倾向于向高质量的企业发放长期贷款。

综上所述，我们认为，终极控制人的效率促进动机越强，企业长期负债比率越高。

上述内容分析了在不同的情况下，企业和银行对债务期限的决策，但是实际债务的期限取决于供给和需求双方。由于我国企业普遍存在投资饥渴症，而企业的大部分债务融资又来自于银行，再加上我国银行业的竞争还很不充分，国有商业银行还占据着大部分的贷款市场份额，因此在企业债务期限的决定上，供给方具有垄断力量，当企业提出长期贷款，而银行如果希望发放短期贷款时，银行可以以企业风险较高为由改变企业的贷款期限，只向企业发放短期贷款。但是由于长期贷款的风险要高于短期贷款，而且如果企业提出短期贷款，一般情况下其资金用途是一些短期的项目，在这种情况下，银行一般不会强行要求企业改短期贷款为长期贷款。

基于上述分析，对于终极控制人的经济动机与债务期限结构的关系，我们又提出了如下三个研究假设：

假设3：终极控制人效率促进的动机越强，上市公司长期负债比率越高。

假设4：终极控制人追求私人收益的动机越强，上市公司短期负债比率越高。

假设5：终极控制人的私人收益动机与债务期限结构的负相关关系受其性质的显著影响。

5 终极控制人性质与债务期限结构关系的实证检验

根据第4章的分析，我们认为，终极控制人性质作为一种产权制度安排对上市公司的债务契约结构具有重要影响；同时，代表政企关系密切程度的终极控制人性质这种社会资本所代表的企业社会网络关系状况以及企业调度社会网络关系的能力对企业的融资行为及融资结构有重要的影响，具体来说表现在以下几个方面：

其一，终极控制人性质作为一种产权制度安排，它的目标和组织能力规制着上市公司债务融资的选择。一方面，多层级控股结构方式实际上从制度方面确立了终极控制人根据自身利益目标对上市公司债务融资进行决策控制的合法性，这种多层级的产权契约制度对上市公司的各项活动具有强制性、外在性和约束性。另一方面，根据产权性质或行政属性划分的终极控制人，其目标和组织能力的差异规制着他们对债务融资结构的偏好与选择。例如，相对于民营企业主而言，国有性质的终极控制人有能力、有资源并有足够的动机将经济发展战略、税收、就业、社会福利和社会稳定等多元社会性目标转移到上市公司，以实现其政治目标和私人收益。因而，在产权公有的制度背景下，政府必然参与到上市公司债务融资活动中并影响甚至决定债务期限结构的选择，政府或者通过财政补贴降低企业违约的可能，从而使企业更容易从银行取得长期借款；或者直接通过对银行借贷决策的影响，帮助企业获得长期贷款。而民营企业可能由于缺乏这种组织资源，因此其对上市公司债务期限结构的选择空间相比于政府终极控制人要有限得多。我们认为，终极控制人性质这一正式制度属性对上市公司的债务期限结构具有规制效应。

其二，终极控制人及其控股的上市公司与政府部门紧密的“政企关系”作为一种非正式制度因素，代表企业的社会网络关系状况以及企业调度社会网络关系的能力，对企业的融资行为及融资结构有重要的影响作用。因为人类经济嵌入并缠结于经济与非经济的制度之中，其中非经济制度至关重要。一般来说，在其他约束条件一定的情况下，企业与政府的密切关系，实质上会为银行贷款提供一种隐性担保。银行相信其有动力最终履行债务契约，从而导致企业与银行间债务契约的履约成本相对较低，企业更容易从银行取得债务融资和长期贷款。

本章下面内容的安排如下：第 1 节，研究设计，首先根据研究假设来建立研究模型，然后选取研究的替代变量，最后是数据来源与样本的选择；第 2 节，实证检验与结果分析，包括敏感性分析；第 3 节，研究的结论与启示。

5.1 研究设计

5.1.1 模型建立

根据前面的理论分析和研究假设，我们建立以下回归模型对终极控制人性质与债务期限结构的关系进行分析：

$$DM=\beta_0+\beta_1\,\text{ultistate}+\beta_2\,\text{var control}+\varepsilon \tag{5.1}$$

$$DM=\beta_0+\beta_1\,\text{identity}+\beta_2\,\text{var control}+\varepsilon \tag{5.2}$$

其中，模型（5.1）用于对假设 1 进行检验，模型（5.2）用于对假设 2 进行检验。如果 β_1 与 β_2 的符号为正且具有显著性，那么假设 1 与假设 2 得到验证，实证检验结果与我们的理论分析一致。

5.1.2 变量选取

1）被解释变量

（1）债务期限结构变量的选择

本书选择债务期限结构作为被解释变量，对于债务期限结构的度量有不同的方法，我们选择长期负债占总债务的比例来度量债务期限结构（DM1）。一年内到期的长期借款也属于长期债务，因此，我们还用长期负债与一年内到期的长期借款之和与总债务的比率来度量债务期限结构（DM2）。另外，本书对债权人的分析主要以银行为主，因此，为了与前面的理论分析一致，我们还用长期银行借款在总银行借款中所占比率来表示债务期限结构（DM3）。我们预计不同的债务期限结构指标不会对回归分析结果产生很大的影响，因为在我国，长期债务主要来源于银行借款，其他类型的长期债务所占比例很低。例如，在本书的研究样本中，长期负债在总债务中所占比率为15%，其中，长期银行借款在总债务中所占比率为12%，其他长期债务如长期应付款、应付债券等在总债务中所占的比率仅为3%。

（2）选择该债务期限结构度量指标的原因

根据第1章导论部分对债务期限结构概念的分析，现有的研究对债务期限结构的衡量方式有以下三种：一是现存到期期限长期或短期债务与企业总债务的百分比（Barclay and Smith，1995）；二是企业各项负债到期期限的账面加权平均值（Kim、Mauer and Stohs，1995；Stohs and Mauer，1996）；三是新发行债务工具的到期期限（Guedes and Opler，1996）。Guedes and Opler（1996）把前两种方法归为资产负债表法（the balance sheet approach），把第三种方法归为增量法（the incremental approach）。

从理论上来说，资产负债表法与增量法的区别在于债务的内涵不同：资产负债表法中的债务是广义上的债务，其中所有类似于债务的义务均被包括在内（如资本性租赁等长期固定要求权也包括在内）；而增量法用来计量债务期限结构的债务，只包括新发行债务的到期期限。虽说存量债务是不断地由增量债务所形成的，但存量债务的到期期限与增量债务的到期期限还是存在本质上的区别，从而导致资产负债表法与增量法对债务期限结构理论的检验上也各有利弊。具体说来，增量法较适合于检验变量随时间而变动的理论，如信号理论。因为信号模型依赖于短期间内的信息不对称，并且信息不对称的程度随时间而变化。另外，增量法能确定不同期限的债务融资选择的决定因素，因此使用增量法能够更准确地描述企业的特征。但是，增量法也存在明显的缺陷，这主要体现在：第一，增量法使用的是单次债务发行的到期期限，仅能提供有关增加融资选择的信息。因为单次债务发行的期限可能极大地不同于企业现存债务的平均期限，所以增量法不适合于检验发行债务的期限与资产负债表中的变量，如资产期限之间的相关性，即期限匹配理论。第二，虽然增量法较适合于检验随时间变化的信息不对称的债务期限选择理论，即债务期限的选择可传递企业未来前景或企业质量的信息。然而，一个合适的检验要求把债券样本分为增加资产而发行的债券和为已存债务而发行的债券，因为后一种类型债券的发行传递了较少的有关企业未来前景的信息。但是发行债券所筹集的资金到底是用于增加资产还是用来偿还已到期的其他债务，这是不清楚的，或者说监督资金用途的成本太高，从而导致增量法无法实施。第三，增量法的债务样本主要集中于公开发行的企业债券，排除了银行信贷、商业信用等其他债务融资，而这些都是企业负债结构的重要组成部分。

对于上述增量法的缺陷，资产负债表法能够在一定程度上进行弥补。另外，由于我国债券市场发展滞后，企业债券融资比例极低，而银行借款和商业信用是我国上市公司债务资金的主要来源，因此，基于增量法自身的缺陷和我国债务融资结构的现实状况，本书选用资产负债表法来研究我国上市公司债务期限结构选择的问题。

如上所述，在资产负债表法下，有两种方式来度量企业的债务期限结构：长期债务占总债务的百分比法及企业各债务组成部分的加权平均期限法。其中，第一种计算方法中的长期负债，是指偿还期在一年或者超过一年的一个营业周期以上的债务，包括长期借款、应付债券、长期应付款等。因为有关企业的长期债务和短期债务的信息可直接从资产负债表中获取，所以采用这种方法计算债务期限结构比较简单。但是，长期负债与总负债的比率仅能提供企业债务实际平均期限一个很粗糙的近似值。对于第二种计算方法，用每一债务类型数量的百分比乘以其到期期限来计算，即资产负债表中所有债务的加权平均到期期限。从理论上来说，它是对第一种计算方法的改善，是对不同期限的债务区别以待。但是在我国现有的债务信息披露的现实条件下，我们不能获得各债务组成的期限信息，相比之下，第一种方法可能较符合我国的现实情况。因此，在实证研究中，我们用长期负债在总债务中所占比率来度量债务期限结构。

2）解释变量

本书对终极控制人性质与债务期限结构的关系进行研究，为此，我们选择的解释变量包括终极控制人的产权性质（ultistate）与终极控制人的行政属性（identity）两个。如果终极控制人的产权性质为国有，则 ultistate = 1，否则为 0；行政属性中，如果终极控制人为中央政府、省级政府或市级以下政府部门，则 identity = 1，否则为 0。

3）控制变量

为了检验本书所提出的研究假设，我们还对其他可能影响公司债务期限结构的因素加以控制。这些因素主要包括：

（1）政府质量特征变量

当前度量政府质量特征的变量有地区市场化程度、政府干预程度等指标，在本书中我们主要引用樊纲、王小鲁（2003）编制的

《中国市场化指数——各地区市场化相对进程报告》中对中国各省区“政府与市场关系”的评分来度量政府干预程度的差异。“政府与市场关系”评分依据的具体指标包括财政支出占GDP的比重、农户各类税费上缴占农户毛收入的比例、企业管理者与政府部门和人员打交道占其工作时间的比重、企业税外负担（收费、摊派）占销售收入的比例，以及国家机关、党政机关和社会团体职工总数占全省（市）人口的比例。“政府与市场关系”的评分值越高，代表政府对企业的干预程度越低。为了使政府干预指数大小与政府干预程度呈正向关系，有利于检验结果的表述，我们把“政府与市场关系”指数（indexgov）中高于其均值6.48的用0替代，否则用1表示。这样处理后，意味着政府干预指数越高，政府干预程度越高。而且，这样处理能够避免因年度不同导致政府干预程度指数的变化对研究结果稳健性的影响。当然，将“政府与市场关系”指数采用上述方法处理后，只会改变回归系数的符号，对回归模型的经济解释力不变。

（2）公司特征变量

公司特征变量包括企业成长性变量、公司质量变量、自由现金流量、企业风险、行业类别、企业规模、资产期限、非债务税盾等。

（3）除终极控制人外的其他公司内部治理变量

根据肖作平（2007）的研究，第一大股东持股比例、第一大股东产权性质、少数大股东持股集中度、高管持股、董事会特征等因素会对债务期限结构的选择产生影响，在此，我们主要对第一大股东控制程度及反映董事会独立性的因素进行了控制。

具体各变量的计算见表5-1。

5.1.3 数据来源

本书所用的财务数据、公司治理数据主要来自于CCER及CSMAR数据库。政府与市场关系数据引自樊纲、王小鲁（2003）

表 5-1 **变量名称及指标计算**

变量	变量名称	变量符号	变量描述
被解释变量	债务期限结构	DM1	长期债务÷总债务
		DM2	（长期债务+一年内到期的长期债务）÷总债务
		DM3	长期银行借款÷总银行借款
解释变量	终极控制人产权性质	ultistate	如果终极控制人为国有企业，则 ultistate = 1；否则为 0
	终极控制人行政属性	identity	如果终极控制人为中央政府，则 cengov = 1，否则为 0
			如果终极控制人为地方政府，则 localgov = 1，否则为 0
			如果终极控制人为省级政府，则 provgov = 1，否则为 0
			如果终极控制人为市级以下政府，则 citygov = 1，否则为 0
控制变量	政府质量	indexgov	如果政府干预程度高于“政府与市场关系”指数均值，则 indexgov = 0，否则为 1
	股权结构	Lsh1	考虑关联性股东后的第一大股东持股比例
		$Lsh1^2$	考虑关联性股东后的第一大股东持股比例的平方
	一股独大	lshare	如果一股独大[①]，则 lshare = 1，否则为 0
	股权制衡	dumshare	如果一股独大，则 dumshare = 0，否则为 1
	控股股东控制力	Lsh1ctrol	按 Shapley 权力指数计算的第一大股东控制权

续表

变量	变量名称	变量符号	变量描述
控制变量	控股股东分权度	Lsh1cv	按 Shapley 权力指数计算的第一大股东控制权-第一大股东持股比例
	董事会独立性	dr	独立董事人数÷董事会总人数
	成长性	growth	M/B=（每股价格×流通股股份数+每股净资产×非流通股股份数+负债账面价值）÷总资产
	自由现金流量	fcf	经营活动现金流量÷总资产
	非债务税盾	nondebt	固定资产折旧÷年末总资产
	担保资产	tangib	固定资产÷总资产
	行业管制	util	如果是电力、煤气及水的生产和供应等公用事业单位，则 util=1，否则为 0
	企业规模	lnasset	年末总资产的对数
	资产负债率	lev	年末负债总额÷年末总资产
	经营风险	risk	经行业调整的总资产收益率的标准离差
	企业质量(业绩)	Eps	每股收益=净利润÷普通股总股数

注：①如果上市公司第一大股东持股比例高于 0.5，或者虽然第一大股东持股比例低于 0.5，但是第二至第五大股东持股比例的最大值低于 0.05，那么该上市公司属于一股独大的公司。

在《中国市场化指数——各地区市场化相对进程报告》中对中国各省区“政府与市场关系”的评分均值。终极控制人产权性质及行政属性数据根据巨潮咨询网（www.cninfo.com）上市公司年度报告中“股本变动及股东情况”部分数据手工搜集整理得到。

5.1.4 样本选择

因为很多上市公司 2003 年及以前年度的报告中没有正式披露

终极控制人及其控制关系的信息，所以本书选取2004—2006年沪深两市A股上市公司作为研究对象，并在此基础上剔除具备以下条件的上市公司：①ST、PT等非正常交易状态下的上市公司。②综合类行业的上市公司，按照终极控制人性质分类中属于集体、外资、社会团体、职工持股会控制的上市公司。③金融类上市公司。由于金融类公司的财务特征与其他行业存在较大差异，因此本书不包括行业类属于金融保险业的上市公司。④注册地在西藏的上市公司。本书借鉴樊纲、王小鲁（2003）在《中国市场化指数——各地区市场化相对进程报告》中关于地区市场化程度的指标，由于报告中不包括西藏地区的数据，因此本书也将其剔除。⑤第一大股东发生变更、所属行业发生变化的公司。如果在2004—2006年上市公司的第一大股东发生变更，或者所属行业类型发生了变化，为了控制控制权转移等对样本公司的影响，也将其剔除掉。⑥终极控制人发生变化的上市公司。如果在2004—2006年上市公司的终极控制人发生了变化，那么也将其剔除。⑦其他数据不可得的上市公司以及数据异常的上市公司。最终我们得到1 792个研究样本。

5.2 实证检验与结果分析

5.2.1 单因素分析

表5-2是按照产权性质（A栏）、行政属性（B栏）及不同地区政府干预程度差异（C栏）分别对不同债务期限结构的因变量进行描述性统计的结果。A栏中对各债务期限结构的因变量按产权性质分类统计的结果显示，无论是均值还是中位数，国有控股公司的长期债务比率显著高于民营企业主所控股的上市公司（组间方差均在0.01的水平下显著），统计结果与我们所提出的假设1一致。B栏中对各债务期限结构的因变量按政府终极控制人行政级别

表 5-2　　　　**债务期限结构的分类描述性统计**

A 栏：按产权性质分类下债务期限结构的均值（中位数）及均值比较						
类别	样本	DM1	DM2	DM3	DM4	DM5
国有	1 528	0.16(0.08)	0.19(0.12)	0.20(0.10)	0.23(0.14)	0.13(0.04)
民营	264	0.10(0.05)	0.14(0.09)	0.13(0.05)	0.17(0.12)	0.08(0.05)
综合	1 792	0.15(0.08)	0.18(0.12)	0.19(0.10)	0.22(0.14)	0.12(0.05)
组间方差		26.893***	16.693***	23.388***	15.337***	16.704***
B 栏:按行政级别分类下债务期限结构的均值(中位数)及均值比较						
中央	285	0.14(0.06)	0.17(0.09)	0.18(0.06)	0.21(0.10)	0.11(0.05)
地方	954	0.17(0.09)	0.20(0.13)	0.21(0.12)	0.24(0.17)	0.14(0.07)
综合	1 239	0.16(0.09)	0.20(0.13)	0.20(0.10)	0.24(0.15)	0.13(0.07)
组间方差		4.508**	5.176**	3.572*	4.250**	8.87***
C 栏:政府不同干预程度下债务期限结构的均值(中位数)及均值比较						
indexgov=0	784	0.14(0.07)	0.17(0.10)	0.18(0.08)	0.21(0.12)	0.11(0.04)
indexgov=1	1 008	0.16(0.09)	0.19(0.13)	0.20(0.10)	0.23(0.15)	0.13(0.06)
组间方差		6.68***	6.79***	4.03**	3.76**	6.64***

注：（1）DM1 为长期债务÷总债务；DM2 为（长期债务+一年内到期的长期债务）÷总债务；DM3 为（长期银行借款+应付债券+长期应付款）÷（长期借款+应付债券+长期应付款+短期借款+应付票据+应付账款）；DM4 为（长期银行借款+应付债券+长期应付款+一年内到期的长期债务）÷（长期借款+应付债券+长期应付款+短期借款+应付票据+应付账款）；DM5 为长期银行借款÷总债务。（2）括号内为中位数。（3）***、** 和 * 分别表示在 0.01、0.05 和 0.1 的水平下统计显著。（4）如果政府干预程度指数高于均值 6.48，则 indexgov=0，否则为 1。该指数越高，代表政府干预程度越高。

分类统计的结果显示，地方政府控股的上市公司长期负债的比例显著高于中央政府所控股的公司（均值比较的组间方差具有显著性），这与假设 2 相一致。C 栏中按政府干预程度高低进行统计的结果显示，政府与市场关系越密切，地区政府干预度越高，企业长期债务比率越高（组间方差均在 0.05 的水平下显著），说明政府干预是影响企业债务期限选择的重要因素，间接证明了我们所提出的假设 1 与假设 2。

5.2.2 多元回归分析

表 5-3 是根据模型对终极控制人性质与债务期限结构的关系进行回归分析的结果。其中，第（1）至（3）列与第（4）至（6）列的区别在于公司内部治理变量分别采用了控股股东的控制力（Lsh1ctrol）与控股股东的分权程度（Lsh1cv）两个替代变量。

表 5-3 **模型多元回归分析结果**

变量	(1)	(2)	(3)	(4)	(5)	(6)
截距	-0.852*** (-8.85)	-0.860*** (-8.92)	-0.873*** (-9.01)	-0.853*** (-8.86)	-0.862*** (-8.93)	-0.875*** (-9.02)
ultictrol	0.023** (2.25)			0.022** (2.13)		
cengov		0.004 (0.32)	0.003 (0.29)		0.002 (0.22)	0.002 (0.19)
localgov		0.019** (2.29)			0.018** (2.45)	
provgov			0.014 (1.55)			0.013 (1.49)
citygov			0.028*** (2.62)			0.028*** (2.62)
indexgov	0.014** (1.91)	0.014** (1.96)	0.014** (1.95)	0.012* (1.82)	0.014* (1.88)	0.014* (1.86)
Lsh1ctrol	-0.051*** (-4.11)	-0.049*** (-3.97)	-0.049*** (-3.93)			
Lsh1cv				-0.09*** (-4.00)	-0.089*** (-3.93)	-0.088*** (-3.90)
dr	-0.012 (-0.22)	-0.021 (-0.39)	-0.019 (-0.36)	-0.01 (-0.19)	-0.019 (-0.35)	-0.017 (-0.33)

续表

变量	(1)	(2)	(3)	(4)	(5)	(6)
util	0.077 *** (6.77)	0.079 *** (6.94)	0.08 *** (7.00)	0.077 *** (6.79)	0.079 *** (6.96)	0.08 *** (7.03)
fcf	-0.217 *** (-4.37)	-0.22 *** (-4.42)	-0.217 *** (-4.36)	-0.22 *** (-4.44)	-0.223 *** (-4.49)	-0.220 *** (-4.42)
tangib	0.387 *** (13.40)	0.385 *** (13.34)	0.383 *** (13.23)	0.387 *** (13.40)	0.385 *** (13.34)	0.383 *** (13.23)
nondebt	0.004 (0.11)	0.003 (0.11)	0.002 (0.05)	0.003 (0.10)	0.003 (0.10)	0.001 (0.04)
risk	-0.127 * (-1.61)	-0.126 * (-1.60)	-0.124 * (-1.57)	-0.142 * (-1.80)	-0.139 * (-1.77)	-0.137 * (-1.74)
Eps	0.037 *** (3.05)	0.036 *** (2.98)	0.036 *** (2.98)	0.035 *** (2.91)	0.034 *** (2.85)	0.034 *** (2.85)
growth	-0.003 (-0.23)	-0.002 (-0.16)	-0.003 (-0.21)	-0.001 (-0.09)	-0.001 (-0.01)	-0.001 (-0.07)
lnasset	0.037 *** (8.45)	0.038 *** (8.69)	0.039 *** (8.78)	0.036 *** (8.35)	0.037 *** (8.60)	0.038 *** (8.71)
lev	0.115 *** (4.81)	0.109 *** (4.57)	0.108 *** (4.54)	0.116 *** (4.86)	0.11 *** (4.62)	0.109 *** (4.58)
year	控制	控制	控制	控制	控制	控制
Adj_ R^2	0.318	0.318	0.318	0.317	0.318	0.318
F 值	56.625 ***	53.141 ***	50.145 ***	56.542 ***	53.110 ***	50.127 ***
样本	1 792	1 792	1 792	1 792	1 792	1 792

注：(1) 括号内数字为 t 值。(2) ***、** 和 * 分别表示在 0.01、0.05 和 0.1 水平下统计显著。(3) VIF 值均低于 2，限于篇幅，在此没有列出。

就整体模型构建来说，F 统计量均高于 50 且都在 0.01 的水平下显著，说明模型拟合的整体效果较好；调整后的 R^2（解释公司债务期限结构的变异性）均高于0.3，说明回归模型的解释能力较强；共线性检验的VIF值（在表5-3中没有列出）均低于2，说明各变量之间不存在明显的共线性问题。

就解释变量的回归分析结果来看：①如果终极控制人为国有企业，那么由其所控股的上市公司的长期负债在总债务中所占的比例较高（第（1）列、第（4）列的回归系数分别为0.023、0.022，且在0.05的水平下显著）。这说明与政府有密切关系的企业更容易获得银行长期贷款的支持，因为对于这类企业来说，即使违约，国家仍有可能对其提供援助，降低银行的贷款风险。结果验证了假设1。②不同行政级别的终极控制人与债务期限关系的回归分析结果表明，相对于中央政府所控制的上市公司来说，地方政府所控制的上市公司长期债务融资的比例更高（第（2）列、第（5）列中，中央政府的回归系数分别为0.004、0.002，不具有显著性；而地方政府的回归系数分别为0.019、0.018，均在0.05的水平下显著），进一步划分了不同级别的地方政府终极控制人，即划分为省级政府控制人、市级及市级以下政府控制人进行回归分析（第（3）列、第（6）列），结论依然不变。回归分析结果表明，政府级别越低，经济诉求性越强，政府与企业之间的关系越密切，政府越有可能对其所控制的企业进行干预，因此企业获得长期借款的可能性更高。结果验证了本研究的假设2。

从控制变量的回归分析结果来看，可以得出以下有意义的结论：①市场与政府的关系越密切，长期债务比例越高（系数均在0.1的水平上显著），说明在市场化程度高的地区，政府干预较少，企业获得长期贷款的比率相对降低，从银行的角度来说，由于我国相关法律法规对债权人的保护较弱，为了控制风险，银行也倾向于向企业提供短期资金。这与孙铮等（2005）的研究结论一致。②上市公司债务期限结构与控股股东控制力及控股股东分权度之间存在显著的负相关关系（均在0.01的水平下显著），说明随着控股股东控制力的增强及控股股东分权程度的提高，股东与债权人之间的利益冲突加剧，增加短期债务可以在一定程度上降低债务代理成本。③独立董事在上市公司董事会人数中所占的比例越高，长期债务比例越低，但是不具有显著性，说明独立董事对上市公司的监督作用有限。④其他控制变量的回归分析结果与预期结果大体一致：公用事业性单位更容易获得长期贷款，因而长期债务比例较高；规模越大的企业，其信息不对称程度越低，风险越低，越容易获得长期贷款；自由现金流量较多的企业，短期负债比例较高，这样可以限制管理人员滥用资金，进行在职消费，提高资金使用效率；企业固定资产在总资产中所占比例越高，资产期限越长，越容易获得长期贷款；企业折旧越多，内源资金越多，企业所受的融资约束越低，因此不需要过多的长期债务融资；上市公司业绩越好，质量越高，越容易获得长期贷款；企业负债规模越大，长期负债比例越高，说明长期负债是企业债务资金的主要来源；公司经营风险越高，短期负债比率越高，说明债权人更倾向于对风险较低的企业提供长期资金支持；企业成长性与债务期限结构之间存在负相关关系，说明企业处于成长期时，银行不倾向于对其提供长期贷款服务。以上控制变量的回归分析结果中，非债务税盾及企业成长性的回归系数不具有显著性。

此外，本书还用替代控股股东控制权情况的一股独大及股权制衡变量进行回归分析，结果见表 5-4。回归分析结果与表 5-3 一致，相对于民营企业所控制的上市公司，国有企业所控制的上市公司的长期债务比率更高；政府终极控制人的行政级别越低，上市公司长期债务比率越高。另外，在存在一股独大的上市公司中，短期负债比率较高；而在存在股权制衡的上市公司中，长期负债比率较高。这说明，对于控股股东控制力强的上市公司，银行倾向于提供短期债务融资，以降低违约风险。因此，降低控股股东的控制力、提高其他股东的制衡力，能够在一定程度上降低代理成本。其他控制变量的回归分析结果与表 5-3 类似，在此不再赘述。

表 5-4　　模型多元回归分析结果

变量	(1)	(2)	(3)	(4)	(5)	(6)
截距	−0.864 *** (−8.92)	−0.874 *** (−9.00)	−0.887 *** (−9.09)	−0.886 *** (−9.04)	−0.896 *** (−9.12)	−0.908 *** (−9.20)
ultictrol	0.022 ** (2.07)			0.022 ** (2.07)		
cengov		0.001 (0.13)	0.001 (0.11)		0.001 (0.13)	0.001 (0.11)
localgov		0.018 ** (2.23)			0.018 ** (2.23)	
provgov			0.013 (1.48)			0.013 (1.48)
citygov			0.028 *** (2.60)			0.028 *** (2.60)
indexgov	0.012 * (1.62)	0.012 * (1.68)	0.012 * (1.67)	0.012 * (1.62)	0.012 * (1.68)	0.012 * (1.67)
lshare	−0.022 *** (−2.87)	−0.021 *** (−2.84)	−0.021 *** (−2.80)			
dumshare				0.022 ** (2.07)	0.021 *** (2.84)	0.021 *** (2.80)
dr	−0.002 (−0.05)	−0.011 (−0.21)	−0.01 (−0.19)	−0.002 (−0.05)	−0.011 (−0.21)	−0.01 (−0.19)
util	0.076 *** (6.69)	0.079 *** (6.86)	0.079 *** (6.93)	0.076 *** (6.69)	0.079 *** (6.86)	0.079 *** (6.93)
fcf	−0.221 *** (−4.45)	−0.224 *** (−4.51)	−0.221 *** (−4.44)	−0.221 *** (−4.45)	−0.224 *** (−4.51)	−0.221 *** (−4.44)
tangib	0.391 *** (13.51)	0.389 *** (13.45)	0.386 *** (13.33)	0.391 *** (13.51)	0.389 *** (13.45)	0.386 *** (13.33)

续表

变量	(1)	(2)	(3)	(4)	(5)	(6)
nondebt	-0.001 (-0.03)	-0.001 (-0.04)	-0.003 (-0.09)	-0.001 (-0.03)	-0.001 (-0.04)	-0.003 (-0.09)
risk	-0.153** (-1.94)	-0.150** (-1.90)	-0.148* (-1.87)	-0.153* (-1.94)	-0.15** (-1.90)	-0.148* (-1.87)
Eps	0.033*** (2.70)	0.032*** (2.65)	0.032*** (2.65)	0.033*** (2.70)	0.032*** (2.65)	0.032*** (2.65)
growth	0.002 (0.15)	0.003 (0.22)	0.002 (0.16)	0.002 (0.15)	0.003 (0.22)	0.002 (0.16)
lnasset	0.036*** (8.30)	0.037*** (8.55)	0.038*** (8.66)	0.036*** (8.30)	0.037*** (8.55)	0.038*** (8.66)
lev	0.117*** (4.89)	0.111*** (4.65)	0.11*** (4.61)	0.117*** (4.89)	0.111*** (4.65)	0.11*** (4.61)
year	控制	控制	控制	控制	控制	控制
Adj_R^2	0.315	0.315	0.315	0.315	0.315	0.315
F值	55.783***	52.433***	49.488***	55.783***	52.433***	49.488***
样本	1 792	1 792	1 792	1 792	1 792	1 792

注：(1) 括号内数字为t值。(2) ***、**和*分别表示在0.01、0.05和0.1的水平下统计显著。(3) VIF值均低于2，限于篇幅，在此没有列出。

5.2.3 敏感性分析

本书从以下几个方面进行敏感性分析：第一，考虑到我国企业负债融资主要来源于银行贷款，本书采用长期银行借款在总银行借款中的比率作为因变量进行分析。第二，由于一年期内到期的长期借款在性质上也属于长期借款，因此本书还以长期负债与一年内到期的长期负债之和与总债务的比率为因变量进行回归分析。第三，对于衡量企业业绩的指标，本书分别选择总资产收益率、净资产收益率、每股主营业务收入、市盈率等业绩指标做主成分分析，用提取的主因子作为业绩变量的替代指标进行检验。第四，对于衡量企业成长性的指标，本书分别选择主营业务收入增长率、总资产增长率、市账比、总资产周转率等增长性指标做主成分分析，用提取的主因子作为成长机会变量市账比（M/B）的替代指标进行检验。

对因变量进行敏感性分析的结果见表5-5。当因变量用“（长期债务+一年内到期的长期债务）÷总债务”表示时，除F统计量及调整后的 R^2（解释公司债务期限结构的变异性）有所提高外，其他各变量的回归分析结果并没有发生根本性的变化。当因变量用“长期银行借款÷总银行借款”表示时，F统计量及调整后的 R^2（解释公司债务期限结构的变异性）有所降低。在自变量的回归分析结果中，国有产权性质的终极控制人所控制的上市公司的长期债务比率仍然显著高于民营企业主所控制的上市公司；对于不同行政级别的政府控制人所控制的上市公司的债务期限结构来说，其差异性有所降低，但仍然支持本书所提出的假设。控制变量的回归分析结果也有所变化，如自由现金流量的回归分析结果不再显著；非债务税盾的回归分析结果在0.01的水平下显著，说明企业的内源资金多时，较少受到融资约束的限制，企业主要采取短期银行借款的方式筹集资金；负债比率越高，企业长期借款比率越低，说明企业的银行借款以短期借款为主。

表5-5　**模型敏感性分析结果**

变量	长期银行借款÷总银行借款			（长期债务+一年内到期的长期债务）÷总债务		
	(1)	(2)	(3)	(4)	(5)	(6)
截距	-1.40*** (-8.54)	-1.39*** (-8.43)	-1.42*** (-8.59)	-0.915*** (-8.78)	-0.922*** (-8.84)	-0.935*** (-8.92)
ultictrol	0.038** (2.15)			0.012** (1.07)		

续表

变量	长期银行借款÷总银行借款			（长期债务+一年内到期的长期债务）÷总债务		
	(1)	(2)	(3)	(4)	(5)	(6)
cengov		0.048** (2.55)	0.047** (2.49)		0.002 (0.14)	0.001 (0.10)
localgov		0.037*** (2.68)			0.019** (2.09)	
provgov			0.024 (1.58)			0.013 (1.38)
citygov			0.061*** (3.41)			0.028*** (2.44)
indexgov	0.022** (1.73)	0.021* (1.70)	0.021* (1.68)	0.014* (1.77)	0.014* (1.78)	0.014* (1.77)
Lsh1ctrol	-0.08*** (-3.75)	-0.082*** (-3.86)	-0.081*** (-3.81)	-0.061*** (-4.51)	-0.061*** (-4.56)	-0.061*** (-4.53)
dr	-0.081 (-0.90)	-0.088 (-0.98)	-0.085 (-0.94)	-0.015 (-0.27)	-0.022 (-0.38)	-0.021 (-0.36)
util	0.045*** (2.33)	0.048*** (2.49)	0.051*** (2.64)	0.073*** (5.93)	0.075*** (6.12)	0.077*** (6.20)
fcf	0.067 (0.79)	0.06 (0.70)	0.066 (0.78)	-0.204*** (-3.80)	-0.211*** (-3.91)	-0.208*** (-3.86)
tangib	0.38*** (10.74)	0.386*** (10.74)	0.373*** (10.24)	0.438*** (19.30)	0.434*** (19.04)	0.429*** (18.56)
nondebt	-0.051*** (-0.95)	-0.053*** (-0.97)	-0.043*** (-0.79)	0.001 (0.04)	0.005 (0.15)	0.009 (0.26)
risk	0.434*** (3.20)	0.434*** (3.21)	0.439*** (3.25)	-0.143* (-1.67)	-0.138* (-1.61)	-0.136* (-1.59)

续表

变量	长期银行借款÷总银行借款			（长期债务+一年内到期的长期债务）÷总债务		
	(1)	(2)	(3)	(4)	(5)	(6)
Eps	0.122*** (5.94)	0.124*** (6.04)	0.124*** (6.05)	0.028*** (2.18)	0.028*** (2.18)	0.028*** (2.17)
growth	-0.015 (-0.64)	-0.017 (-0.69)	-0.018 (-0.75)	-0.004 (-0.27)	-0.002 (-0.15)	-0.003 (-0.19)
lnasset	0.072*** (9.71)	0.072*** (9.70)	0.074*** (9.88)	0.04*** (8.52)	0.041*** (8.64)	0.041*** (8.73)
lev	-0.049*** (-1.21)	-0.055*** (-1.34)	-0.056*** (-1.38)	0.159*** (6.16)	0.155*** (6.02)	0.155*** (5.99)
year	控制	控制	控制	控制	控制	控制
Adj_R^2	0.224	0.225	0.227	0.325	0.326	0.327
F值	35.430***	33.574***	31.920***	58.555***	55.257***	52.124***
样本	1 792	1 792	1 792	1 792	1 792	1 792

注：（1）括号内数字为t值。（2）***、**和*分别表示在0.01、0.05和0.1水平下统计显著。（3）VIF值均低于2，限于篇幅，在此没有列出。

对控制变量进行敏感性分析的结果见表5-6。其中，自变量的回归分析结果与本书所提出的假设一致；而控制变量的回归分析结果基本上没有发生变化，业绩变量用提取因子的综合得分表示时，系数有所降低，但是仍然在0.01的水平下显著；成长性指标用提取因子的综合得分表示时，成长性变量显著为负，说明企业处于成长期时的债务以短期债务为主，银行不愿意向成长期风险性较高的企业提供长期贷款服务。

表 5-6　**模型敏感性分析结果**

变量	(1)	(2)	(3)	(4)	(5)	(6)
截距	-0.795 *** (-8.27)	-0.803 *** (-8.31)	-0.814 *** (-8.39)	-0.865 *** (-10.11)	-0.867 *** (-10.13)	-0.879 *** (-10.19)
ultictrol	0.028 *** (2.68)			0.029 *** (2.81)		
cengov		0.008 (0.76)	0.008 (0.72)		0.01 (0.88)	0.009 (0.85)
localgov		0.021 *** (2.56)			0.02 *** (2.49)	
provgov			0.016 ** (1.82)			0.016 ** (1.82)
citygov			0.029 *** (2.79)			0.028 *** (2.65)
indexgov	0.013 ** (1.83)	0.014 ** (1.88)	0.013 ** (1.86)	0.013 * (1.79)	0.013 * (1.84)	0.013 * (1.83)
Lsh1ctrol	-0.052 *** (-4.17)	-0.05 *** (-4.04)	-0.05 *** (-4.01)	-0.05 *** (-4.06)	-0.048 *** (-3.92)	-0.048 *** (-3.89)
dr	-0.002 (-0.05)	-0.012 (-0.23)	-0.011 (-0.22)	-0.006 (-0.11)	-0.015 (-0.29)	-0.015 (-0.28)
util	0.069 *** (6.08)	0.072 *** (6.31)	0.073 *** (6.39)	0.064 *** (5.65)	0.067 *** (5.89)	0.068 *** (5.96)
fcf	-0.234 *** (-4.65)	-0.239 *** (-4.73)	-0.237 *** (-4.69)	-0.224 *** (-4.46)	-0.229 *** (-4.54)	-0.227 *** (-4.51)
tangib	0.403 *** (19.33)	0.400 *** (19.08)	0.396 *** (18.59)	0.398 *** (19.11)	0.396 *** (18.89)	0.392 *** (18.44)
nondebt	-0.044 (-1.38)	-0.036 (-1.15)	-0.033 (-1.03)	-0.0045 (-1.42)	-0.037 (-1.18)	-0.034 (-1.07)

续表

变量	(1)	(2)	(3)	(4)	(5)	(6)
risk	-0.087 (-1.12)	-0.09 (-1.16)	-0.089 (-1.14)	-0.121* (-1.61)	-0.123* (-1.65)	-0.122* (-1.63)
z	0.003*** (4.46)	0.003*** (4.39)	0.003*** (4.40)	0.004*** (5.51)	0.004*** (5.43)	0.004*** (5.41)
growth	-0.021 (-1.39)	-0.019 (-1.29)	-0.02 (-1.33)	-0.007*** (-3.86)	-0.007*** (-3.66)	-0.007*** (-3.63)
lnasset	0.035*** (8.03)	0.036*** (8.26)	0.036*** (8.35)	0.037*** (9.21)	0.038*** (9.45)	0.039*** (9.52)
lev	0.136*** (5.41)	0.131*** (5.19)	0.131*** (5.18)	0.141*** (5.87)	0.135*** (5.65)	0.135*** (5.61)
year	控制	控制	控制	控制	控制	控制
Adj_R^2	0.323	0.323	0.323	0.328	0.327	0.327
F值	58.056***	54.369***	51.281***	59.343***	55.459***	52.280***
样本	1 792	1 792	1 792	1 792	1 792	1 792

注：(1) 括号内数字为t值。(2)***、**和*分别表示在0.01、0.05和0.1的水平下统计显著。(3) VIF值均低于2，限于篇幅，在此没有列出。(4) 模型(1)至(6)的业绩变量用提取因子的综合得分值Z表示；模型(4)至(6)的成长性指标用提取因子的综合得分值Z1表示。

总之，通过上述敏感性分析，我们发现，敏感性分析结果与上述分析结果没有实质性的差异，因此我们认为，本书的结论具有稳健性。

5.3 结论与启示

本章以2004—2006年A股上市公司为样本对终极控制人性质与上市公司债务期限结构选择的关系进行了实证检验，结果发现：

第一，国有企业性质的终极控制人所控制的上市公司的长期负债比例更高；第二，政府终极控制人的行政级别越低，企业长期债务的比例越高。

上述实证研究结果表明：第一，在我国经济转轨阶段，政府在资源配置中具有垄断地位，政府倾向于将资源配置到其支持者手中，由于国有性质的企业更多地承担了政府的政策性负担，因此也更容易得到政府的援助，更容易获得银行长期债务资金；第二，在我国利率管制和当前对债权人的法律保护较弱的制度环境下，政府与企业的密切关系作为一种社会资本代表企业的社会网络关系状况以及企业调度社会网络关系的能力，这能够为企业带来声誉，实质上会为银行贷款提供一种隐性担保，从而使企业能够获得更多的长期债务资金。

基于上述发现，我们认为，要发挥债务融资的治理机制，政府应减少对企业及银行信贷的干预，通过制度环境的建设为企业发展提供良好的治理环境，促进现代企业制度的建立和完善。此外，发展企业的社会关系网络，对提高企业获取重要的稀缺资源——债务资金资源具有重要的意义。

本章的实证研究提供了政府控制和干预对企业财务决策影响的更为深入的证据，为中国经济转轨进程中的政企关系调整提供了施政依据；同时，也对理解不同产权性质的上市公司债务期限结构的差异性提供了一个新的视角。

6 终极控制人经济动机与债务期限结构关系的实证检验

如第4章所述，在考察企业的融资行为时，必须在明确企业融资活动决策人的基础上，考虑主要决策人的行为动机和利益取向对企业融资活动的影响，这样才能对企业融资行为和融资结构做出正确的解释。在多层级控股结构下，终极控制人往往对企业的重要财务安排具有决策权。终极控制人无论是自然人还是法人实体，都是民事行为主体，都具有满足实体心理与社会需求的人格禀赋。进一步而言，终极控制人在企业的债务融资活动中可能具有多种不同的利益需求，并形成不同的经济动机①。

在多层级控股结构下，终极控制人的经济动机主要体现在两个方面。一般来说，当终极控制人在上市公司的现金流权较低而两权分离度较高时，其私人收益的动机越强。因为一方面，在多层级控股结构这一制度安排下，终极控制人只需要以较少的现金流权便能获得上市公司的控制权②（Bebchuk et al.，1999），这种客观上的

① 新古典学派经济学家对于经济动机内涵的分析最有影响力，他们的基本观点集中在其“经济人”假说之中，其要旨是所谓个人的经济动机就是个人对于利益最大化的追求。在他们看来，经济动机也就是满足个人的偏好、利益的动机，其集中的表现就是利润动机。

② 其中，优先表决权（superior voting rights）、交叉持股（cross-shareholdings）、金字塔式控股（pyramid shareholdings）是终极控制人维护与扩大他们对公司控制权的主要方式。由于在我国终极控制人更多地是采用金字塔式控股结构来控制上市公司，因此本书主要对金字塔式控股结构方式下的终极控制人进行研究。

便利性和制度缝隙，为终极控股股东采取关联交易、贷款担保等方式转移上市公司资源到其所控制的持股份额较高的公司，或进行资产替代、投资不足、过度投资等行为来侵占中小股东和债权人的利益提供了条件；另一方面，由于终极控制人在上市公司的现金流权较低，因此按持股份额所分享到的收益非常有限，如果采取上述侵占行为就能够获得更多的收益，虽然为此终极控制人需要承担相应的成本，但是由于其现金流权较低，因此其实际承担的成本非常有限，大部分损失由中小股东、债权人或国家来承担，这无疑加强了终极控制人最大化私人收益的动机与行为。相反，当终极控制人在上市公司的现金流权很高而两权分离度很低时，其收益主要来自股权收益，从而使得终极控制人与上市公司的利益协同效应占主导地位。此时，终极控制人更有动机来提高企业的经营效率、最大化企业价值，终极控制人侵占上市公司利益的动机与行为降低。

在当前我国政府行政干预占主导地位、利率受到管制，且有关债权人的法律法规不完善、执行不力的制度背景下，债务融资对终极控制人的约束作用有限，这使得公司实际控制人既有动机又有能力借助财务安排来侵占债权人及其他中小投资者的利益。如在国家对长期贷款的发放严格限制的情况下，考虑到短期债务的融资成本相对较低，且其控制效用和破产效用机制的缺失，终极控制人倾向于采取短期负债的方式来筹集资金；而银行为了控制违约风险，也倾向于对企业发放短期贷款。当然，终极控制人也会利用债务期限选择来优化企业融资结构，提高企业价值。

由此观之，由于在企业的融资活动中，终极控制人有不同的利益需求，因此导致其产生不同的经济动机，使其在融资活动中表现出不同的行为，并由此引起其与中小股东及债权人之间的利益协调与冲突。而多层级组织结构的组织安排促进了终极控制人某种经济动机的实现。尽管根据不同的标准，终极控制人具有多种经济动机，但是私人收益动机和效率促进动机是终极控制人在债务期限结构选择方面的两个基本动机。本章主要关注终极控制人的这两种动机如何影响企业债务期限的选择，并探讨终极控制人的主观动机与债务期限结构的关系是否受其客观性质的影响，即通过实证研究检验前面提出的假设 3、假设 4 与假设 5。

本章内容安排如下：第 1 节，研究设计，首先根据研究假设建立研究模型，然后选取研究的替代变量，其中着重介绍了私人收益动机替代变量的计算方法，最后是数据来源与样本的选择；第 2 节，实证检验与结果分析，包括敏感性分析；第 3 节是研究的结论与启示。

6.1 研究设计

6.1.1 模型建立

根据第 4 章的理论分析和研究假设，我们建立以下回归模型，对终极控制人经济动机与债务期限结构的关系进行分析：

$$DM=\beta_0+\beta_1 \text{motivation}+\beta_2 \text{var control}+\varepsilon \quad (6.1)$$

$$DM=\beta_0+\beta_1 \text{private}+\beta_2 \text{private}\times\text{ultistate}+\beta_3 \text{var control}+\varepsilon \quad (6.2)$$

$$DM=\beta_0+\beta_1 \text{private}+\beta_2 \text{private}\times\text{identity}+\beta_3 \text{var control}+\varepsilon \quad (6.3)$$

其中，模型（6.1）用于对第 4 章所提出的假设 3、假设 4 进行检验。如果 β_1 的系数显著为正，则支持假设 3；如果 β_1 的系数显著为负，则支持假设 4。模型（6.2）、模型（6.3）用于对第 4 章的假设 5 进行检验，如果 β_2 的系数显著为正，则支持假设 5。

6.1.2 变量选取

1）被解释变量

本章选择债务期限结构作为被解释变量，对于债务期限结构的度量与第 5 章一样，我们选择长期负债占总债务的比例（DM1）来表示。此外，在敏感性分析中，我们还选择长期银行借款占总银行借款的比例（DM2）及长期债务与一年内到期的长期债务之和与总债务的比例（DM3）来度量债务期限结构。

2）解释变量

本章对终极控制人的经济动机与债务期限结构的关系进行研究，因此解释变量为表示终极控制人经济动机的变量，主要包括效率促进动机与私人收益动机两个替代变量。对于效率促进动机变量，我们用终极控制人的现金流权来表示；对于私人收益动机变量，我们用终极控制人的两权分离度来表示。之所以选择这两个替代变量，是因为研究者们通常用终极所有权的大小来度量终极控制人与上市公司利益的一致程度（alignment effect），而使用控制权的大小或两权分离度来度量终极控制人的“壕沟效应”（entrenchment effect）的程度（La Porta et al.，1999；LLSV，2000；Claessens et al.，2002；Faccio and Lang，2002；朱松，2005；邓建平等，2007）。对于具体的计算方法，终极所有权比例我们采用LLS（1999）的方法计算；对于两权分离度指标，我们采用修正方法进行计算。下面我们对该方法进行介绍。

（1）现有的两权分离度计算方法

在第1章导论中对概念的界定部分已经涉及两权分离度的计算方法，下面我们以G国安（000839）2005年的控制关系图为例（如图6-1所示），借鉴LLS（1999）所采用的方法来详细说明。

从图6-1中，我们看到中信国安信息产业股份有限公司2005年的终极控制人为中国中信集团公司，共有两条控制链：

一条控制链是：中国中信集团公司→（100%）中信国安集团公司→（50%）中信国安有限公司→（62.37%）中信国安信息产业股份有限公司。在这条控制链上，控制权为0.5，所有权为0.3119（1×0.5×0.6237）。

另外一条控制链是：中国中信集团公司→（100%）中信（香港集团）有限公司→（28.843%）中信泰富有限公司→（100%）嘉域企业有限公司→（50%）中信国安有限公司→（62.37%）中信国安信息产业股份有限公司。在这条控制链上，控制权为

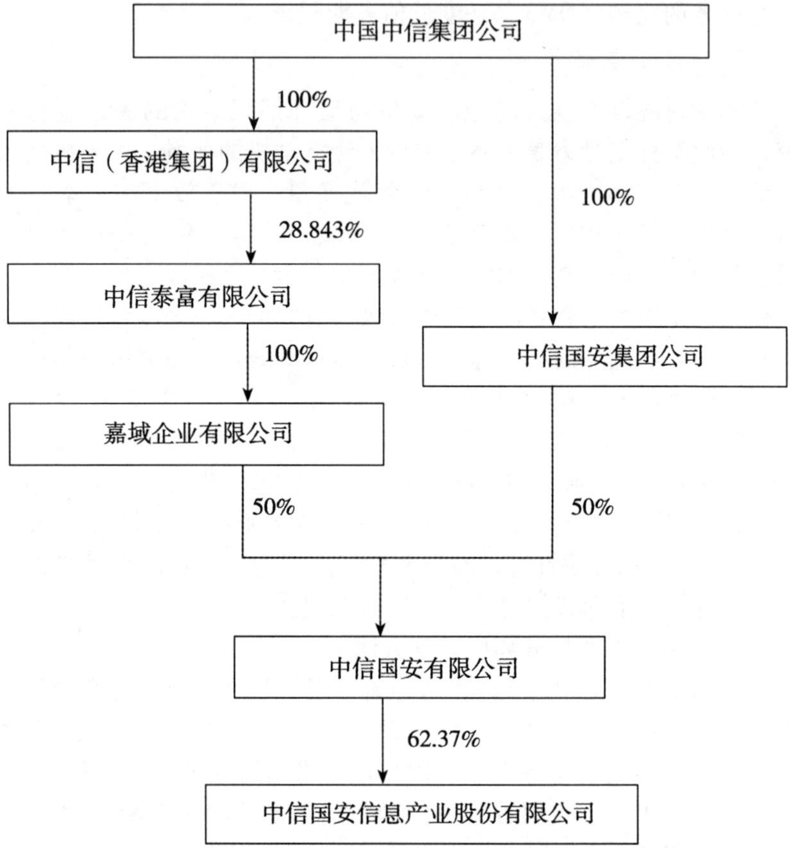

图 6-1　G 国安（000839）2005 年的控制关系图

0.28843，所有权为 0.0899（1×0.28843×1×0.5×0.6237）。

因此终极控制人中国中信集团对上市公司中信国安信息产业股份有限公司的控制权为 0.78843（0.5+0.28843），所有权为 0.4018（0.3119+0.0899），两权分离度为 0.38663（0.78843-0.4018）。

（2）现有的两权分离度计算方法的不足

本书在借鉴 LLS（1999）所采用的方法计算两权分离度时发

现，样本公司中有65.4%的上市公司的两权分离度为0（其中国有企业控制的样本公司占97.1%，政府控制的样本公司占80.9%），说明控制权与现金流权没有发生分离，最终控制人和上市公司的控股股东对上市公司的控制程度是一样的，同时两者拥有的现金流量权也是相同的。实际上，终极控制人对上市公司的控制程度并不完全以其拥有的控制权为准，还取决于其他股东的投票权结构，是受其他股东的权力制衡和竞争的结果（邓建平等，2007）。正如Alchian and Demsetz（1972）所认为的那样，控股股东是一种相对的概念，它通过具体的股权结构表现出来，是一种权力关系，而不是单纯的固定的数字比例。

例如，在图6-2中，按照LLS（1999）的计算方法，终极控制人（A1、A2）对上市公司（C1、C2）的控制权和现金流权均为0.4，两权分离度为0，说明终极控制人对上市公司的控制程度没有差别。如果我们考虑两家上市公司C1和C2除第一大股东外其他几大股东的投票权结构，可以发现上市公司C1的投票权结构分别为20%、10%、5%，而上市公司C2的投票权结构分别为10%、5%、1%。显而易见，尽管终极控制人A1在上市公司C1拥有的投票权和终极控制人A2在上市公司C2拥有的投票权一样，但A2对C2的控制程度强于A1对C1的控制程度。

因此，按照LLS（1999）的方法来计算两权分离度并不适合我国大量存在的控制权和现金流权没有发生分离的现状。因为在我国国有企业改革的过程中，大量的上市公司通过100%的国有独资公司逐级对上市公司进行控制，从而造成在控制链中持股比例最小值的控制权就等于现金流权。但是，这并不意味着终极控制人的控制权就限于其在上市公司的所有权，因为在我国的上市公司中，特别是国有控股的上市公司中，股权结构具有相对集中的特点（如在本书的研究样本中，第一大股东持股比例均值为0.44，而第二大股东持股比例的均值仅为0.08），其他股东分散的股权结构难以对控股股东的权力形成制衡，从而导致终极控制人的实际控制权高于

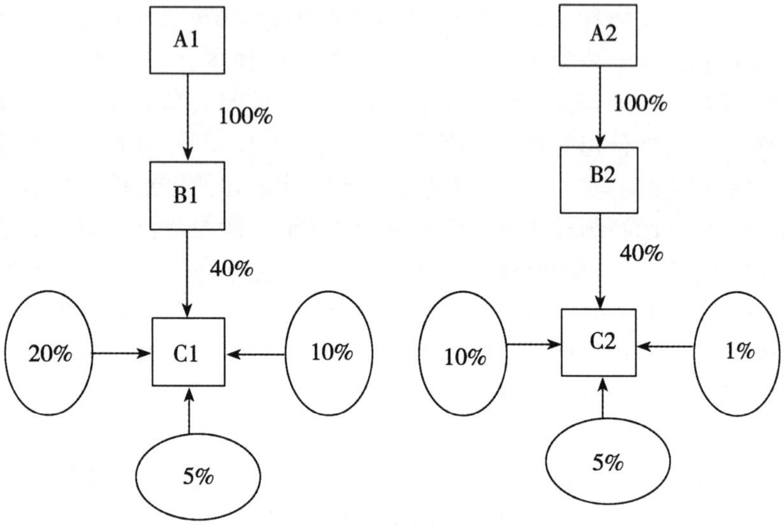

图 6-2　终极控制人控制程度比较图

现金流权。

（3）两权分离度计算方法的改进

为了更科学地衡量大股东对上市公司的控制程度，对于按 LLS（1999）的算法得出两权分离度为 0 的上市公司，我们引入 Shapley 权力指数（Milnor and Shapley，1978）来测算终极控制人对上市公司的控制程度，然后用测算出来的控制权减去终极控制人在上市公司的现金流权作为两权分离度变量。其中，Shapley 权力指数测算公式如下：

$$\varphi=\begin{cases}\dfrac{v_c}{v_0}-\dfrac{v_c v_s}{v_0^2} & v_0>\dfrac{1}{2}\\ \dfrac{(1-2v_s)^2}{4v_0^2} & v_c\leqslant\dfrac{1}{2},\ v_s\leqslant\dfrac{1}{2},\ c_0\leqslant\dfrac{1}{2}\\ 1 & v_c>\dfrac{1}{2}\end{cases}\tag{6.4}$$

在公式（6.4）中，φ 为控股股东的控制程度；v_c 为控股股东的持股比例；v_s 为第二大股东的持股比例；v_0 为除控股股东和第二大股东外的其他股东的持股比例之和。

下面我们对按照 LLS（1999）的方法所计算出来的两权分离度指标（cv）与采用修正的方法计算出来的两权分离度指标（ulticv）进行统计分析（见表6-1），发现按照 LLS（1999）的方法计算出来的两权分离度指标（cv）的均值为0.06，而按照修正的方法计算出来的两权分离度指标（ulticv）的均值为0.22，而这种差别主要来自国有控股的上市公司（修正计算方法前后的两权分离度均值分别为0.04、0.23）。因此，LLS（1999）的计算方法大大低估了终极控制人对上市公司的控制程度，特别是在国有控股的企业中，这种低估程度尤为严重。

表6-1　**主要变量的描述性统计**

变量	全样本	国有企业	民营企业
控制权-现金流权（cv）	0.06（0.10）	0.04（0.09）	0.14（0.11）
分权度（ulticv）	0.22（0.15）	0.23（0.16）	0.15（0.12）
样本	1 792	1 528	264

注：括号外数字为均值，括号内数字为标准差。

（4）新计量方法对相关研究的意义

基于上述分析，我们认为，对于我国上市公司两权分离度的研究，不能简单沿袭 LLS（1999）的方法单纯关注终极控制人通过控制链条对上市公司所形成的控制权和现金流权，还要考虑其他股东的投票权和权力制衡情况。为此，我们引入 Shapley 权力指数，对 LLS（1999）计算两权分离度的方法进行了修正。

按修正后的方法计算的两权分离度指标能够更为可靠地反映终极控制人在上市公司的控制权情况，有助于我们更准确地判断终极控制人私人收益动机的大小以及上市公司存在的代理问题；修正后的两权分离度指标的计算原理及计算方法为相关研究提供了方法论基础，如对控股股东控制程度及分权度的衡量等均可以采用类似的原则进行计量。除此之外，对终极控制人隐藏的控制权的揭示，有助于潜在投资者对企业风险的判断。

另外，根据相关研究，占用上市公司的资金是终极控制人获取控制权私人收益的主要方式之一（李增泉等，2004；李斌，2006；雷光勇等，2006；邓建平等，2007），因此，我们还用经总资产调整的资金占用率指标来衡量终极控制人私人收益动机的大小。其中，终极控制人对上市公司的资金占用主要体现在非经营性占款与经营性占款两方面，非经营性占款主要反映在“其他应付款”科目中，而“经营性占款”主要反映在“应付账款”与“预收账款”科目中。由于股权分置改革后，证券监管部门及相关法律法规加强了对控制性股东非经营性占款的控制，因此控股股东直接侵占上市公司资金的行为有所降低，更多的是期间性的有控制的占用（孔兵，2007），所以我们用“其他应收款”与“预付账款”之和来度量终极控制人对上市公司的资金占用量。

3）控制变量

为了检验第4章所提出的研究假设，我们还对其他可能影响公司债务期限结构的因素加以控制。与第5章的研究类似，这些因素主要包括：①政府质量特征变量。当前度量政府质量特征的变量有地区市场化程度、政府干预程度等指标，本书主要引用樊纲、王小鲁（2003）编制的《中国市场化指数——各地区市场化相对进程报告》中对中国各省区“政府与市场关系”的评分来度量政府干预程度的差异。“政府与市场关系”评分依据的具体指标包括财政支出占GDP的比重、农户各类税费上缴占农户毛收入的比例、企业管理者与政府部门和人员打交道占其工作时间的比重、企业税外负担（收费、摊派）占销售收入的比例，以及国家机关、党政机关和社会团体职工总数占全省（市）人口的比例。“政府与市场关系”的评分值越高，代表着政府对企业干预的程度越低。为了使政府干预指数大小与政府干预程度呈正向关系，有利于检验结果的表述，我们把“政府与市场关系”指数（indexgov）中高于其均值6.48的用0替代，否则用1表示。这样处理后，意味着政府干预指数越高，政府干预程度越高，而且这样处理能够避免因年度不同导致政府干预程度指数的变化对研究结果稳健性的影响。当然，将“政府与市场关系”指数（indexgov）采用上述方法处理后，只会改变回归系数的符号，对回归模型的经济解释力不变。②公司特征变量。如企业成长性变量、公司质量变量、自由现金流量、企业风险、行业类别、企业规模、资产期限、非债务税盾等。③除终极控制人外的其他公司内部治理变量。根据肖作平（2007）的研究，第一大股东持股比例、第一大股东产权性质、少数大股东持股集中度、高管持股、董事会特征等因素会对债务期限结构的选择产生影响，在此我们主要对第一大股东控制程度及反映董事会独立性的因素进行了控制。

具体各变量的计算见表6-2。

表6-2　**变量名称及指标计算**

变量	变量名称	变量符号	变量描述
被解释变量	债务期限结构	DM	长期债务÷总债务
解释变量	私人收益动机	cv	控制权-现金流权
		ulticv	如果cv>0，则ulticv=cv，否则为按Shapley权力指数计算的终极控制人控制权与现金流权之差
		tunnel	（其他应收款+预付账款）÷总资产
	效率促进动机	own	现金流权

续表

变量	变量名称	变量符号	变量描述
控制变量	政府质量	indexgov	如果政府干预程度高于“政府与市场关系”指数均值，则 indexgov=0，否则为1
	股权结构	Lsh1	考虑关联性股东后的第一大股东持股比例
		$Lsh1^2$	考虑关联性股东后的第一大股东持股比例的平方
	一股独大	lshare	如果一股独大①，则 lshare =1，否则为0
	股权制衡	dumshare	如果一股独大，则 dumshare=0，否则为1
	控股股东控制力	Lsh1ctrol	按 Shapley 权力指数计算的第一大股东控制权
	控股股东分权度	Lsh1cv	按 Shapley 权力指数计算的第一大股东控制权-第一大股东持股比例
	董事会独立性	dr	独立董事人数÷董事会总人数
	成长性	growth	M/B=（每股价格×流通股份数+每股净资产×非流通股份数+负债账面价值）÷/总资产
	自由现金流量	fcf	经营活动现金流量÷总资产
	非债务税盾	nondebt	固定资产折旧÷年末总资产
	担保资产	tangib	固定资产÷总资产
	行业管制	util	如果是电力、煤气及水的生产和供应等公用事业单位，则 util=1，否则为0
	企业规模	lnasset	年末总资产的对数
	资产负债率	lev	年末负债总额÷年末总资产
	经营风险	risk	经行业调整的总资产收益率的标准离差
	企业质量（业绩）	Eps	每股收益=净利润÷普通股总股数
	年度	year	以2006年为基础变量，设两个虚拟变量，如果年度为2004年或2005年，则 year=1，否则为0

注：①如果上市公司第一大股东持股比例高于0.5，或者虽然第一大股东持股比例低于0.5，但是第二至第五大股东持股比例的最大值低于0.05，那么该上市公司属于一股独大的公司。

6.1.3 数据来源

本书所用的财务数据、公司治理数据主要来自于 CCER 及 CSMAR 数据库。政府与市场关系数据引自樊纲、王小鲁（2003）在《中国市场化指数——各地区市场化相对进程报告》中对中国各省区“政府与市场关系”的评分均值。终极控制人性质及终级控制人与上市公司之间的控制关系数据根据巨潮咨询网（www. cninfo. com）上市公司年度报告中“股本变动及股东情况”部分数据手工搜集整理得到；控制权、现金流权及两权分离度数据根据终级控制人与上市公司之间的控制关系图采用 LLS（1999）的方法计算得到；终极控制人对上市公司的控制程度根据 Shapley 权力指数（Milnor and Shapley，1978）进行测算。

6.1.4 样本选择

因为很多上市公司 2003 年及以前的年度报告中没有正式披露终极控制人及其控制关系的信息，所以本书选取 2004—2006 年沪深两市 A 股上市公司作为研究对象，并在此基础上剔除具备以下条件的上市公司：①ST、PT 等非正常交易状态下的上市公司。②综合类行业的上市公司；按照终极控制人性质分类中属于集体、外资、社会团体、职工持股会控制的上市公司。③金融类上市公司。由于金融类公司的财务特征与其他行业存在较大差异，因此本书不包括行业类属于金融保险业的上市公司。④注册地在西藏的上市公司。本书借鉴樊纲、王小鲁（2003）在《中国市场化指数——各地区市场化相对进程报告》中关于政府与企业关系程度的指标，由于在报告中不包括西藏地区的数据，因此本书也将其剔除。⑤第一大股东发生变更、所属行业发生变化的公司。如果在 2004—2006 年上市公司的第一大股东发生变更，或者所属行业类型发生了变化，为了控制控制权转移等对样本公司的影响也将其剔除掉。⑥终极控制人发生变化的上市公司。如果在 2004—2006 年上市公司的终极控制人发生了变化，那么也将其剔除。⑦其他数据不可得的上市公司以及数据异常的上市公司。最终我们得到1792个研究样本。

6.2 实证检验与结果分析

本节中，我们首先对主要的研究变量进行描述性统计分析，然后进行多变量的回归分析，在此基础上，对终极控制人的产权性质及行政级别与其追求控制权私人收益动机的交互影响进行进一步的分析，最后进行敏感性分析。

6.2.1 主要变量的描述性统计分析

表6-3是对主要变量进行描述性统计的结果，从中我们发现：①按照LLS（1999）的方法计算的两权分离度（控制权-现金流权）均值，全样本为0.06，国有终极控制人为0.04，民营企业主为0.14；而按Shapley权力指数公式计算的分权度的均值，全样本为0.22，国有终极控制人为0.23，民营企业主为0.15。这说明，传统计算方法低估了终极控制人的控制力，而这种低估的程度以国有终极控制人尤为突出。这意味着放权让利的改革仍然没有改变政府的绝对控制地位，政府对企业的控制采取了更为隐蔽的方式。②终极所有权的均值较低，说明终极控制人可以较低的现金流投入获得对企业的控制权。

对全样本控股股东控制程度的统计结果显示：①按Shapley权力指数公式计算的第一大股东控制程度的均值为0.69；②第一大股东持股比例的均值为0.44，而第二大股东持股比例的均值仅为0.08；③61%的上市公司存在一股独大的情况。区分不同产权性质的终极控制人所控制的上市公司，对其控股股东控制程度进行统计的结果与全样本的结果大体一致。上述统计结果意味着，我国股权相当集中，控股股东的控制力高于其他股东，一股独大的现象依然存在。因此，在衡量控股股东的控制程度时，也需要考虑其他股东的制衡力和竞争情况，以合理反映股东的控制权结构。

表 6-3　　　　　　　　**主要变量的描述性统计**

变量	全样本	国有	民营
控制权（control）	0.44（0.17）	0.46（0.17）	0.36（0.14）
现金流权（own）	0.39（0.18）	0.42（0.17）	0.22（0.13）
控制权-现金流权（cv）	0.06（0.10）	0.04（0.09）	0.14（0.11）
分权度（ulticv）	0.22（0.15）	0.23（0.16）	0.15（0.12）
控股股东控制力（lsh1ctrol）	0.69（0.30）	0.72（0.30）	0.53（0.29）
一股独大（lshare）	0.61（0.49）	0.65（0.48）	0.35（0.48）
控股股东分权度（Lsh1cv）	0.30（0.22）	0.30（0.21）	0.31（0.27）
第一大股东持股（Lsh1）	0.44（0.16）	0.45（0.16）	0.35（0.13）
第二大股东持股（Lsh2）	0.08（0.08）	0.08（0.08）	0.10（0.07）
样本	1 792	1 528	264

注：括号外数字为均值，括号内数字为标准差。

6.2.2　模型回归结果与分析

1）终极控制人的效率促进动机与债务期限结构

表 6-4 是根据模型（6.1）对终极控制人的效率动机与上市公司债务期限结构关系进行回归的结果。就整体模型构建来说，F 统计量较高（均高于 50）且都在 0.01 的水平下显著，说明模型拟合的整体效果较好；调整后的 R^2（解释公司债务期限结构的变异性）均高于 0.3，说明回归模型的解释力较强；共线性检验的 VIF 值（在表 6-4 中没有列出）均低于 2，说明各变量之间不存在明显的共线性问题。

表 6-4　　模型多元回归分析结果

变量	(1)	(2)	(3)	(4)	(5)	(6)
截距	-0.848*** (-8.82)	-0.843*** (-8.72)	-0.856*** (-8.87)	-0.853*** (-8.86)	-0.847*** (-8.75)	-0.862*** (-8.92)
own	0.091*** (3.25)	0.068 (1.34)	0.085*** (2.57)	0.055** (2.23)	0.031 (0.63)	0.049* (1.63)
own* ultistate		0.021 (0.53)			0.022 (0.56)	
own* cengov			-0.019 (-0.72)			-0.021 (-0.81)
own* localgov			0.014 (0.66)			0.015 (0.71)
Lsh1ctrol	-0.081*** (-4.87)	-0.08*** (-4.85)	-0.08*** (-4.81)			
Lsh1cv				-0.113*** (-4.29)	-0.112*** (-4.27)	-0.112*** (-4.28)
indexgov	0.014** (1.91)	0.014** (1.91)	0.014** (1.93)	0.013** (1.82)	0.013** (1.82)	0.013** (1.84)
dr	-0.014 (-0.27)	-0.013 (-0.24)	-0.017 (-0.31)	-0.011 (-0.21)	-0.01 (-0.18)	-0.014 (-0.26)
util	0.074*** (6.49)	0.074*** (6.49)	0.074*** (6.54)	0.074*** (6.50)	0.074*** (6.50)	0.075*** (6.55)
fcf	-0.202*** (-4.08)	-0.202*** (-4.08)	-0.205*** (-4.12)	-0.203*** (-4.08)	-0.203*** (-4.08)	-0.205*** (-4.13)
tangib	0.405*** (19.37)	0.405*** (19.36)	0.402*** (19.15)	0.407*** (19.44)	0.407*** (19.42)	0.404*** (19.20)
nondebt	-0.052* (-1.65)	-0.054* (-1.70)	-0.05* (-1.58)	-0.058* (-1.84)	-0.06* (-1.89)	-0.056* (-1.76)

续表

变量	(1)	(2)	(3)	(4)	(5)	(6)
risk	-0.126 * (-1.59)	-0.123 * (-1.55)	-0.121 ** (-1.54)	-0.144 ** (-1.82)	-0.141 * (-1.78)	-0.139 * (-1.76)
Eps	0.031 *** (2.61)	0.032 *** (2.63)	0.031 *** (2.60)	0.029 *** (2.44)	0.030 *** (2.46)	0.029 *** (2.43)
growth	-0.005 (-0.34)	-0.005 (-0.35)	-0.003 (-0.24)	-0.003 (-0.22)	-0.003 (-0.23)	-0.002 (-0.11)
lnasset	0.037 *** (8.66)	0.037 *** (8.58)	0.038 *** (8.72)	0.037 *** (8.57)	0.037 *** (8.49)	0.038 *** (8.65)
lev	0.106 *** (4.46)	0.106 *** (4.46)	0.105 *** (4.39)	0.106 *** (4.46)	0.106 *** (4.45)	0.104 *** (4.38)
year	控制	控制	控制	控制	控制	控制
Adj_R^2	0.321	0.320	0.321	0.319	0.318	0.319
F 值	57.337 ***	53.750 ***	50.730 ***	56.817 ***	53.265 ***	50.311 ***
样本	1 792	1 792	1 792	1 792	1 792	1 792

注：(1) 括号内数字为 t 值。(2) ***、** 和 * 分别表示在 0.01、0.05 和 0.1的水平下统计显著。(3) VIF 值均低于2，限于篇幅，在此没有列出。

就解释变量的回归结果来看：第（1）列中，终极控制人效率促进的动机与债务期限结构间存在显著的正相关关系（回归系数为0.091，在0.01 的水平下显著），说明终极控制人基于效率促进的动机越强，企业越有可能从银行取得长期贷款的支持，这一结果验证了前面所提出的假设3。第（2）列至第（3）列在第（1）列的基础上加入了终极控制人性质与其效率促进动机变量的交叉项，以考察终极控制人追求企业效率的动机对上市公司债务期限结构的影响是否随终极控制人性质的不同而发生变化。实证检验结果显示，不同产权性质及不同行政级别的终极控制人效率促进的动机对企业债务期限结构选择的影响不存在明显的差异性（其中，终极控制人产权性质与效率促进动机的交叉项的回归系数为0.021，终极控制人行政属性与效率动机的交叉项的回归系数分别为-0.019，0.014，系数均不具有显著性）。第（4）列至第（6）列是用第一大股东的分权度替代第一大股东的控制力进行回归分析的结果，我们发现解释变量的回归结果与上述分析没有实质性的差别。

从控制变量的回归结果来看，我们发现了一些有意义的结论：①市场与政府的关系越密切，长期债务比例越高（系数均在0.05的水平上显著），说明在市场化程度高的地区，政府干预较少，企业获得长期贷款的比率相对降低。从银行的角度来说，由于我国相关法律法规对债权人的保护较弱，为了控制风险，银行也倾向于向企业提供短期资金。这与孙铮等（2005）的研究结论一致。②上市公司债务期限结构与控股股东控制力及控股股东分权度之间存在显著的负相关关系（均在0.01的水平下显著），说明随着控股股东控制力的增强及控股股东分权程度的提高，股东与债权人之间的利益冲突加剧，增加短期债务可以在一定程度上降低债务代理成本。③独立董事在上市公司董事会人数中所占比例越高，长期债务比例越低，但是不具有显著性，说明独立董事对上市公司的监督作用有限。④其他控制变量的回归结果与预期的大体一致：公用事业性单位更容易获得长期贷款，因此长期债务比例较高；规模越大的企业，其信息不对称程度越低，风险越低，越容易获得长期贷款；自由现金流量较多的企业，短期负债比例较高，这样可以限制管理人员滥用资金进行在职消费，提高资金使用效率；企业固定资产在总资产中所占比例越高，资产期限越长，越容易获得长期贷款；企业折旧越多，内源资金越多，企业所受的融资约束越低，因此不需要过多的长期债务融资；上市公司的业绩越好，质量越高，越容易获得长期贷款；企业负债规模越大，长期负债比例越高，说明长期负债是企业债务资金的主要来源；公司经营风险越高，短期负债比率越高，说明债权人更倾向于对风险较低的企业提供长期资金支持；企业成长性与债务期限结构之间存在负相关关系，说明企业处于成长期时，银行不倾向于对其提供长期贷款服务。以上控制变量的回归结果中，非债务税盾及企业成长性的回归系数不具有显著性。

此外，我们还区分国有企业控股与民营企业控股的样本公司对终极控制人的效率促进动机与债务期限结构的关系进行了回归分析（见表6-5），回归分析结果依然支持我们所提出的假设3。

表6-5　**模型多元回归分析结果**

变量	国有控制			民营控制		
截距	-0.821*** (-7.78)	-0.824*** (-7.79)	-0.752*** (-6.72)	-0.66*** (-2.92)	-0.667*** (-2.94)	-0.545*** (-2.41)
own	0.093*** (2.76)	0.039* (1.38)	0.110*** (2.83)	0.182*** (3.08)	0.181*** (3.08)	0.187*** (3.20)
Lsh1ctrol	-0.102*** (-5.20)			-0.017*** (-0.63)		
Lsh1cv		-0.137*** (-4.60)			-0.028 (-0.60)	
Lsh1			-0.434*** (-3.25)			-0.847*** (-0.62)
$Lsh1^2$			0.260** (1.80)			1.03*** (2.78)
indexgov	0.016** (2.01)	0.015** (1.90)	0.017** (2.11)	-0.008 (-0.52)	-0.008 (-0.53)	-0.002 (-0.13)
dr	0.011 (0.19)	0.016 (0.27)	0.001 (0.02)	-0.231** (-2.05)	-0.231** (-2.04)	-0.236** (-2.12)
util	0.084*** (6.69)	0.083*** (6.64)	0.085*** (6.79)	-0.019*** (-0.74)	-0.019*** (-0.73)	-0.016 (-0.62)
fcf	-0.244*** (-4.42)	-0.245*** (-4.42)	-0.244*** (-4.41)	-0.038 (-0.39)	-0.037 (-0.38)	0.004 (0.04)

续表

变量	国有控制			民营控制		
tangib	0.435*** (19.17)	0.437*** (19.23)	0.432*** (19.02)	0.168*** (3.24)	0.168*** (3.22)	0.154*** (3.00)
nondebt	-0.064** (-1.90)	-0.072** (-2.13)	-0.057* (-1.68)	-0.282** (-2.23)	-0.282** (-2.22)	-0.287** (-2.30)
risk	-0.068** (-0.73)	-0.093** (-1.01)	-0.06 (-0.64)	-0.057** (-0.38)	-0.06** (-0.40)	-0.043 (-0.29)
Eps	0.033*** (2.49)	0.031** (2.31)	0.035*** (2.61)	0.023 (0.93)	0.022 (0.92)	0.025 (1.03)
growth	-0.014 (-0.87)	-0.011 (-0.69)	-0.018 (-1.09)	0.028 (1.14)	0.028 (1.14)	0.029 (1.19)
lnasset	0.037*** (7.73)	0.036*** (7.59)	0.036*** (7.58)	0.032*** (3.13)	0.033*** (3.13)	0.034*** (3.34)
lev	0.097*** (3.68)	0.098*** (3.70)	0.099*** (3.73)	0.155*** (3.30)	0.154*** (3.27)	0.137*** (2.93)
year	控制	控制	控制	控制	控制	控制
Adj_R^2	0.340	0.337	0.339	0.165	0.165	0.187
F值	53.382***	52.788***	49.933***	4.472***	4.469***	4.787***
样本	1 528	1 528	1 528	264	264	264

注：(1) 括号内数字为t值。(2) ***、** 和 * 分别表示在0.01、0.05和0.1的水平下统计显著。(3) VIF值均低于2，限于篇幅，在此没有列出。

2) 终极控制人的私人收益动机与债务期限结构

表6-6是根据模型（6.1）对终极控制人的私人收益动机与上市公司债务期限结构关系进行回归的结果。其中第（1）列至第（3）列、第（4）列、第（5）列是分别按La Porta et al.（1999）的方法计算的两权分离度（cv）、按Shapley权力指数公式（Milnor and Shapley，1978）计算的两权分离度（ulticv）及资金占用比例

指标（tunnel）来衡量终极控制人的私人收益动机进行回归的结果。

表6-6　　　　　　　　**模型多元回归分析结果**

变量	(1)	(2)	(3)	(4)	(5)
截距	-0.842*** (-8.74)	-0.848*** (-8.74)	-0.783*** (-7.73)	-0.849*** (-8.80)	-0.810*** (-8.37)
cv	-0.09*** (-2.48)	-0.102*** (-2.82)	-0.087*** (-2.39)		
ulticv				-0.048** (-2.06)	
tunnel					-0.186*** (-3.83)
indexgov	0.014** (1.96)	0.012* (1.68)	0.015** (2.00)	0.013* (1.85)	0.017** (2.38)
Lsh1ctrol	-0.041*** (-3.34)				-0.044*** (-3.58)
lshare		-0.019*** (-2.55)			
Lsh1			-0.266** (-2.23)		
$Lsh1^2$			0.218* (1.65)		
dr	-0.013 (-0.25)	-0.007 (-0.13)	-0.021 (-0.41)	-0.012 (-0.23)	-0.021 (-0.40)
util	0.074*** (6.56)	0.076*** (6.70)	0.078*** (6.83)	0.076*** (6.70)	0.077*** (6.81)
fcf	-0.202*** (-4.07)	-0.222*** (-4.47)	-0.216*** (-4.36)	-0.200*** (-4.01)	-0.213*** (-4.28)

续表

变量	（1）	（2）	（3）	（4）	（5）
tangib	0.404*** （19.30）	0.395*** （13.65）	0.391*** （13.55）	0.405*** （19.29）	0.386*** （17.99）
nondebt	-0.045 （-1.43）	-0.004 （-0.12）	-0.005 （-0.01）	-0.051* （-1.61）	-0.047 （-1.50）
risk	-0.115 （-1.45）	-0.143* （-1.81）	-0.129* （-1.62）	-0.147* （-1.86）	-0.107 （-1.36）
Eps	0.034*** （2.84）	0.033*** （2.76）	0.037*** （3.03）	0.03*** （2.51）	0.026** （2.14）
growth	-0.005 （-0.39）	0.001 （0.10）	-0.004 （-0.32）	-0.004 （-0.25）	-0.006 （-0.41）
lnasset	0.038*** （8.70）	0.037*** （8.44）	0.037*** （8.39）	0.037*** （8.57）	0.037*** （8.45）
lev	0.105*** （4.43）	0.115*** （4.82）	0.113*** （4.76）	0.108*** （4.52）	0.126*** （5.18）
year	控制	控制	控制	控制	控制
Adj_R^2	0.319	0.316	0.318	0.314	0.322
F 值	56.903***	56.143***	53.142***	59.432***	57.739***
样本	1 792	1 792	1 792	1 792	1 792

注：（1）括号内数字为 t 值。（2）***、** 和 * 分别表示在 0.01、0.05 和 0.1的水平下统计显著。

就整体模型的构建来说，F 统计量均高于 50 且都在 0.01 的水平下显著，说明模型拟合的整体效果较好；调整后的 R^2（解释公司债务期限结构的变异性）均高于 0.3，说明回归模型的解释力较强。

就解释变量的回归结果来看：无论是用上述哪个指标来衡量终极控制人的私人收益动机，其回归系数均在 0.05 的水平下显著为负，说明终极控制人追求控制权私人收益的动机越强，债权人越不愿意向其所控股的企业提供长期债务以降低违约风险，因此企业的短期负债比率相对越高，回归结果验证了前面所提出的假设4。

另外，控制变量的回归分析结果与前述终极控制人效率促进动机的分析结果大体上一致，在此不再赘述。

6.2.3 终极控制人性质对其私人收益动机与债务期限结构间关系的影响

表6-7是根据模型（6.2）、模型（6.3）进行回归的结果，主要考察终极控制人追求控制权私人收益的动机对上市公司债务期限结构的影响是否随终极控制人性质的不同而发生变化。就整体模型构建来说，F统计量较高（均高于50）且都在0.01的水平下显著，说明模型拟合的整体效果较好；调整后的 R^2（解释公司债务期限结构的变异性）均高于0.3，说明回归模型的解释力较强；共线性检验的VIF值（在表中没有列出）均低于3，说明各变量之间不存在明显的共线性问题。

表6-7 模型多元回归分析结果

变量	(1)	(2)	(3)	(4)	(5)	(6)
截距	-0.840*** (-8.70)	-0.844*** (-8.72)	-0.830*** (-8.58)	-0.842*** (-8.71)	-0.804*** (-8.30)	-0.809*** (-8.33)
cv	-0.107** (-1.94)	-0.10** (-2.11)				
cv*ultistate	0.028 (0.42)					
cv*cengov		-0.041 (-0.47)				
cv*localgov		0.059 (0.81)				

续表

变量	(1)	(2)	(3)	(4)	(5)	(6)
ulticv			-0.149*** (-2.72)	-0.088*** (-2.55)		
ulticv * ultistate			0.106** (2.04)			
ulticv * cengov				0.026 (0.61)		
ulticv * localgov				0.056* (1.71)		
tunnel					-0.256*** (-3.81)	-0.225*** (-3.82)
tunnel * ultistate					0.105* (1.50)	
tunnel * cengov						0.036 (0.43)
tunnel * localgov						0.107* (1.52)
indexgov	0.014** (1.95)	0.014** (1.95)	0.013* (1.79)	0.013* (1.80)	0.017** (2.33)	0.016** (2.24)
Lsh1ctrol	-0.042*** (-3.36)	-0.042** (-3.39)			-0.046*** (-3.74)	-0.045*** (-3.68)
dr	-0.012 (-0.23)	-0.013 (-0.25)	-0.008 (-0.15)	-0.015 (-0.28)	-0.018 (-0.34)	-0.022 (-0.41)
util	0.074*** (6.54)	0.075*** (6.61)	0.076*** (6.66)	0.078*** (6.79)	0.077*** (6.82)	0.078*** (6.88)
fcf	-0.202*** (-4.07)	-0.203*** (-4.09)	-0.20*** (-4.02)	-0.203*** (-4.07)	-0.213*** (-4.28)	-0.214*** (-4.30)

续表

变量	(1)	(2)	(3)	(4)	(5)	(6)
tangib	0.404 *** (19.29)	0.403 *** (19.22)	0.405 *** (19.27)	0.404 *** (19.20)	0.388 *** (18.06)	0.387 *** (18.02)
nondebt	-0.047 (-1.47)	-0.044 (-1.38)	-0.058 * (-1.82)	-0.053 * (-1.68)	-0.049 (-1.57)	-0.048 (-1.53)
risk	-0.114 (-1.44)	-0.109 (-1.37)	-0.139 * (-1.75)	-0.142 * (-1.79)	-0.098 (-1.23)	-0.101 (-1.28)
Eps	0.034 *** (2.84)	0.034 *** (2.84)	0.031 *** (2.55)	0.031 *** (2.55)	0.027 ** (2.20)	0.027 ** (2.20)
growth	-0.005 (-0.37)	-0.005 (-0.36)	-0.003 (-0.19)	-0.003 (-0.18)	-0.005 (-0.37)	-0.004 (-0.31)
lnasset	0.038 *** (8.65)	0.038 *** (8.68)	0.036 *** (8.34)	0.037 *** (8.50)	0.036 *** (8.36)	0.037 *** (8.41)
lev	0.106 *** (4.44)	0.105 *** (4.41)	0.109 *** (4.56)	0.108 *** (4.53)	0.125 *** (5.14)	0.124 *** (5.06)
year	控制	控制	控制	控制	控制	控制
Adj_R^2	0.319	0.319	0.315	0.314	0.323	0.322
F 值	53.333 ***	50.258 ***	55.846 ***	52.230 ***	54.309 ***	51.093 ***
样本	1 792	1 792	1 792	1 792	1 792	1 792

注：(1) 括号内数字为 t 值。(2) ***、** 和 * 分别表示在 0.01、0.05 和 0.1的水平下统计显著。(3) VIF 值均低于 3，限于篇幅，在此没有列出。

第（1）列至第（2）列的实证检验结果显示，当采用 La Porta et al.（1999）的方法计算两权分离度（cv）并度量终极控制人的私人收益动机时，其与终极控制人产权性质的交叉项的系数为 0.028，但不具有显著性；同样，两权分离度（cv）与中央政府控制人交叉项的回归系数为负，而其与地方政府控制人交叉项的回归系数为正，说明相对于中央政府来说，地方政府更有可能干预银行的贷款行为，为企业提供长期贷款服务，但是不具有显著性。回归结果不具有显著性可能与我国大多数上市公司的两权分离度（cv）为0（主要是国有企业控制的上市公司，占样本公司的97.1%），即控制权与所有权相等所导致。但两权分离度（cv）等于0并不一定说明终极控制人的控制权与其现金流权相等。事实上，终极控制人对上市公司的控制程度并不完全以其拥有的控制权为准，还取决于其他股东的投票权结构，它是受其他股东的权力制衡和竞争的结果（邓建平等，2007）。因此，用两权分离度（cv）来衡量终极控制人的私人收益动机有所不足。为了更科学地衡量大股东对上市公司的控制程度，对于按 LLS（1999）的方法计算出两权分离度为0 的上市公司，我们引入 Shapley 权力指数（Milnor and Shapley，1978）来测算终极控制人对上市公司的控制程度，然后用测算出来的控制权减去终极控制人在上市公司的现金流权作为两权分离度变量（ulticv）。

第（3）列至第（4）列是采用两权分离度变量（ulticv）度量终极控制人的私人收益动机进行分析的结果。其中第（3）列主要考察终极控制人的产权性质对其私人收益动机与企业债务期限结构间关系的影响。从回归分析结果中我们发现，两权分离度变量（ulticv）的回归系数为-0.149，在0.01 的水平下显著；而终极控制人的产权性质与两权分离度变量（ulticv）的回归系数为0.106，在0.05 的水平下显著。这说明终极控制人追求控制权私人收益的动机与上市公司债务期限结构的关系确实受终极控制人产权性质的影响，由国有企业控制的上市公司，其私人收益动机与债务期限结构间存在正相关关系。该结果说明国有终极控制人出于社会稳定、充分就业、财政收入等社会及政治目标甚至官员自利目标的考虑而参与银行及上市公司的经营，一方面，使其为国有企业提供更多的长期债务融资；另一方面，政府与企业的密切关系也为企业提供了一种隐性担保，提高了企业获取长期债务资金的能力。第（4）列主要考察终极控制人追求控制权私人收益的动机与上市公司债务期限结构的关系是否随政府控制人行政级别的不同而发生变化。从回归分析结果中我们发现，中央政府控制人与其私人收益动机的交叉项系数为0.026，不具有显著性，而地方政府控制人与其私人收益动机的交叉项系数却显著为正（系数为0.056，在0.1的水平下显著）。同样，此结果一方面说明相对于中央政府来说，地方政府的经济诉求性更强，更有可能干预银行贷款行为，为企业提供长期贷款服务，从而弱化了短期债务的治理效应；另一方面也说明地方政府与企业的密切关系这种非正式制度对企业获取长期债务资金具有重要意义。第（3）列至第（4）列的结果支持我们前面所提出的假设5。

第（5）列至第（6）列是采用资金占用率指标（tunnel）度量终极控制人的私人收益动机并进行分析的结果。回归分析结果与第（3）列至第（4）列的结果一致，在此不再进行分析。

同样，控制变量的回归结果与前述终极控制人效率促进动机的结果大体上一致，在此不再赘述。

6.2.4 敏感性分析

为检验上述结论的有效性，我们还在以下两个方面进行了敏感性分析：①考虑到我国企业负债融资主要来源于银行贷款，因此我们采用长期银行借款在总银行借款中的比率作为因变量进行分析。②由于一年期内到期的长期借款在性质上也属于长期债务，因此我们还以长期债务与一年内到期的长期负债之和与总债务的比率为因变量进行回归分析。敏感性分析的结果见表6-8、表6-9。从敏感性分析的结果中我们发现，无论选择上述哪一个因变量进行回归分析，终极控制人的效率促进动机与企业债务期限结构之间显著的正相关关系都没有发生变化，且这种正向的相关关系不因终极控制人的性质不同而发生显著的变化（见表6-8）；终极控制人的私人收益动机与企业债务期限结构之间的负相关关系依然在0.05的水平下显著（见表6-8第1列、第4列）；终极控制人的私人收益动机与企业债务期限结构间的负相关关系仍然受终极控制人性质的显著影响，即当终极控制人为国有企业或行政级别较低的地方政府时，其私人收益动机与债务期限结构之间存在正相关关系，且具有显著性（见表6-9第2列、第3列、第5列、第6列）。这一分析结果验证了前面所提出的假设3至假设5。当用长期银行借款占总银行借款的比例作为债务期限结构的替代变量时，控制变量的回归结果有所变化，如自由现金流量的回归结果为正；负债比率越高，企业长期借款比率越低，说明企业的银行借款以短期为主，其他变量的回归结果没有发生根本性的变化。

总之，敏感性分析结果都与上述分析结果没有实质性的差异，因此我们认为，本实证研究的结论具有稳健性。

表6-8　**模型敏感性分析结果**

变量	（长期债务+一年内到期的长期债务）÷总债务			长期银行借款÷总银行借款		
	(1)	(2)	(3)	(4)	(5)	(6)
截距	-0.908*** (-8.72)	-0.911*** (-8.70)	-0.918*** (-8.78)	-1.39*** (-8.48)	-1.382*** (-8.37)	-1.37*** (-8.33)
own	0.064** (2.12)	0.076* (1.37)	0.054* (1.51)	0.133*** (2.78)	0.088 (1.00)	0.079* (1.40)
own*ultistate		-0.011 (-0.25)			0.042 (0.63)	
own*cengov			-0.022 (-0.76)			0.066 (1.46)
own*localgov			0.02 (0.90)			0.062* (1.76)
Lsh1ctrol	-0.084*** (-4.68)	-0.084*** (-4.68)	-0.083*** (-4.61)			-0.126*** (-4.45)
indexgov	0.014* (1.74)	0.014** (1.75)	0.014** (1.77)	0.021* (1.73)	0.021* (1.72)	0.021* (1.69)

续表

变量	（长期债务+一年内到期的长期债务）÷总债务			长期银行借款÷总银行借款		
	(1)	(2)	(3)	(4)	(5)	(6)
dr	-0.018 (-0.32)	-0.019 (-0.33)	-0.021 (-0.37)	-0.091 (-1.01)	-0.088 (-0.97)	-0.092 (-1.02)
util	0.073 *** (5.92)	0.073 *** (5.92)	0.074 *** (5.99)	0.045 ** (2.33)	0.045 ** (2.33)	0.047 *** (2.43)
fcf	-0.206 *** (-3.82)	-0.206 *** (-3.82)	-0.209 *** (-3.89)	0.066 *** (0.77)	0.065 *** (0.77)	0.06 *** (0.70)
tangib	0.439 *** (19.36)	0.439 *** (19.35)	0.435 *** (19.12)	0.386 *** (10.80)	0.386 *** (10.79)	0.387 *** (10.79)
nondebt	-0.001 (-0.02)	0.001 (0.002)	0.002 (0.05)	-0.05 (-0.93)	-0.054 (-1.00)	-0.058 (-1.07)
risk	-0.147 * (-1.72)	-0.149 * (-1.73)	-0.141 * (-1.65)	0.418 *** (3.10)	0.424 *** (3.14)	0.428 *** (3.17)
Eps	0.027 ** (2.04)	0.026 ** (2.03)	0.026 ** (2.03)	0.118 *** (5.74)	0.119 *** (5.76)	0.12 *** (5.82)
growth	-0.003 (-0.22)	-0.003 (-0.21)	-0.002 (-0.1)	-0.014 (-0.59)	-0.015 (-0.60)	-0.015 (-0.61)
lnasset	0.04 *** (8.53)	0.04 *** (8.52)	0.041 *** (8.61)	0.073 *** (9.80)	0.072 *** (9.71)	0.072 *** (9.69)
lev	0.159 *** (6.16)	0.159 *** (6.16)	0.157 *** (6.07)	-0.051 *** (-1.25)	-0.051 *** (-1.26)	-0.053 *** (-1.30)
year	控制	控制	控制	控制	控制	控制
Adj_R^2	0.327	0.326	0.327	0.225	0.225	0.226
F 值	58.888 ***	55.182 ***	52.189 ***	35.698 ***	33.480 ***	31.723 ***
样本	1 792	1 792	1 792	1 792	1 792	1 792

注：(1) 括号内数字为 t 值。(2) ***、** 和 * 分别表示在 0.01、0.05 和 0.1 的水平下统计显著。(3) VIF 值均低于 3，限于篇幅，在此没有列出。

表 6-9　　**模型敏感性分析结果**

变量	（长期债务+一年内到期的长期债务）÷总债务			长期银行借款÷总银行借款		
	(1)	(2)	(3)	(4)	(5)	(6)
截距	-0.902 *** (-8.63)	-0.830 *** (-8.58)	-0.897 *** (-8.57)	-1.40 *** (-8.51)	-1.35 *** (-8.16)	-1.36 *** (-8.26)
ulticv	-0.059 *** (-2.35)	-0.149 *** (-2.72)	-0.098 *** (-2.62)	-0.124 ** (-4.42)	-0.255 *** (-2.73)	-0.137 ** (-2.33)
ulticv * ultistate		0.106 ** (2.04)			0.225 *** (2.54)	
ulticv * cengov			0.001 (0.03)			0.132 * (1.82)
ulticv * localgov			0.061 * (1.72)			0.119 ** (2.12)
indexgov	0.013 * (1.60)	0.013 * (1.79)	0.012 * (1.56)	0.022 * (1.75)	0.019 * (1.51)	0.018 * (1.48)
dr	-0.015 (-0.27)	-0.008 (-0.15)	-0.018 (-0.32)	-0.091 (-1.01)	-0.078 (-0.86)	-0.092 (-1.02)
util	0.076 *** (6.14)	0.076 *** (6.66)	0.077 *** (6.25)	0.045 ** (2.33)	0.048 *** (2.46)	0.051 *** (2.62)
fcf	-0.204 *** (-3.78)	-0.20 *** (-4.02)	-0.209 *** (-3.87)	0.066 (0.78)	0.066 (0.78)	0.064 (0.76)
tangib	0.440 *** (19.33)	0.405 *** (19.27)	0.438 *** (19.19)	0.386 *** (10.80)	0.386 *** (10.75)	0.388 *** (10.79)
nondebt	-0.005 (-0.14)	-0.058 * (-1.82)	-0.006 (-0.17)	-0.049 (-0.91)	-0.066 (-1.22)	-0.062 (-1.15)
risk	-0.173 ** (-2.02)	-0.139 * (-1.75)	-0.166 ** (-1.94)	0.419 *** (3.11)	0.40 *** (2.96)	0.392 *** (2.90)

续表

变量	（长期债务+一年内到期的长期债务）÷总债务			长期银行借款÷总银行借款		
	(1)	(2)	(3)	(4)	(5)	(6)
Eps	0.024 * (1.82)	0.031 *** (2.55)	0.024 ** (1.86)	0.118 *** (5.79)	0.116 *** (5.65)	0.116 *** (5.66)
growth	-0.001 (-0.05)	-0.003 (-0.19)	0.001 (0.08)	-0.015 (-0.60)	-0.01 (-0.39)	-0.011 (-0.47)
lnasset	0.039 *** (8.28)	0.036 *** (8.34)	0.039 *** (8.24)	0.073 *** (9.93)	0.069 *** (9.36)	0.07 *** (9.49)
lev	0.162 *** (6.26)	0.109 *** (4.56)	0.162 *** (6.25)	-0.051 (-1.26)	-0.043 (-1.05)	-0.043 (-1.05)
year	控制	控制	控制	控制	控制	控制
Adj_R^2	0.320	0.315	0.321	0.226	0.220	0.219
F 值	61.199 ***	55.846 ***	53.879 ***	38.265 ***	34.656 ***	32.361 ***
样本	1 792	1 792	1 792	1 792	1 792	1 792

注：（1）括号内数字为 t 值。（2）***、** 和 * 分别表示在 0.01、0.05 和 0.1 的水平下统计显著。（3）VIF 值均低于 3，限于篇幅，在此没有列出。

6.3 结论与启示

本章以 2004—2006 年 A 股上市公司为样本对终极控制人的经济动机与上市公司债务期限结构的关系进行了实证检验，结果发现：第一，终极控制人效率促进的动机越强，上市公司长期负债的比率越高。第二，终极控制人的私人收益动机越强，上市公司短期负债比率越高，说明在我国对债权人的法律保护较弱的环境下，债权人主要以短期负债来控制违约风险。第三，终极控制人的私人收益动机与企业债务期限结构的关系受终极控制人性质的影响，具体说来，当终极控制人为国有企业或行政级别较低的地方政府时，终极控制人的私人收益动机越强，企业长期负债比率越高。究其原因，是政府干预企业经营及银行信贷的结果，而这种干预更多地体现为银行对企业的长期贷款服务（Faccio et al.，2006）。因此，终极控制人的经济行为是嵌入于社会结构中的，受其所处的社会关系的影响和制约，它不可能仅仅为个人动机所解释，还需要在人的理性选择中加进非经济动机和非经济因素，尤其是社会结构因素对人的行动的影响。

本章的研究结论意味着，如果债权人能够有效发挥监督作用，对促进上市公司改善公司治理效率、限制终极控制人的掏空动机非常关键。但是，在我国特有的制度背景下，一方面，控股股东的权力过大，其背后的关系复杂，对其信息披露很不充分，且这种现象在多层级组织结构中终极控制人的身上表现得尤为突出；另一方面，政府的行政干预、利率管制及对债权人法律保护的不足，导致债务治理机制失效，这使得公司实际控制人既有动机又有能力借助财务安排来侵占债权人及其他中小投资者的利益。

因此，如果制度环境没有明显的改善，强制担保或抵押以及贷款短期化的变通策略都难以有效控制企业终极控制人的道德风险。鉴于政府在配置资源过程中通常存在高昂的寻租成本，我们主张现阶段应加快对相关法律制度的建设，提高对投资者权益的保护程度，发挥价格机制对资源配置的引导作用，以制度环境的建设为基础对企业债务融资提供良好的治理环境，进而促进现代企业制度的建立和完善。

7 研究结论、启示与不足

本章在对全书的主要研究结论进行总结和归纳的基础上，对与债务融资的制度环境建设及终极控制人有关的几个问题进行探讨，以便对中国上市公司债务期限结构的管理、政府部门相关政策和上市公司财务政策的制定等提供启示，最后提出本书的不足及未来进一步研究的方向。

7.1 研究结论

本书基于中国转轨经济阶段特殊的债务融资制度背景，以中国2004—2006年A股上市公司为样本，实证研究了终极控制人的性质及其经济动机与上市公司债务期限结构选择的关系。主要的研究发现如下：

第一，终极控制人的性质对企业的债务期限结构选择具有重要的影响作用，政府背景的企业更容易取得银行的长期债务融资。具体而言，相对于民营控股的上市公司来说，国有控股的上市公司由于其与政府的关系更密切，因此更容易得到政府的“援助”或“隐性担保”，从而降低了债务契约的履约成本，更容易获得银行的长期债务融资。在政府控股的上市公司中，由于财政分权改革及政府官员业绩考核方式的变化，导致地方政府与地方企业的利益更密切的联系在一起，因此相对于中央政府来说，地方政府更有动机干预企业经营，从而使得地方政府所控制的上市公司长期负债的比率显著高于中央政府所控制的上市公司长期负债的比率。

第二，终极控制人的经济动机不同，企业的债务期限结构也存在差异。当终极控制人追求企业价值最大化目标时，银行更愿意向企业提供长期债务融资；而当终极控制人追求私人收益时，银行为了控制违约风险，倾向于向企业提供短期债务融资。因此，终极控制人效率促进的动机越强，上市公司长期负债的比率越高；相反，终极控制人追求私人收益的动机越强，上市公司短期负债的比率越高。

第三，终极控制人的私人收益动机与债务期限结构的关系受终极控制人产权性质及行政级别的影响。具体说来，当终极控制人为国有企业或行政级别较低的地方政府时，由于企业与政府的关系密切，因此企业受政府保护程度高，这实质上为银行贷款提供了一种隐性担保；银行作为上市公司的主要债权人，考虑到政府和国有上市公司之间隐性契约的存在，降低了对债务契约的履约条件，导致银行对风险管理的软约束，更可能为企业提供长期债务融资，从而使得终极控制人的私人收益动机与债务期限结构之间呈正相关关系。

此外，从本书控制变量的回归分析结果中，我们还发现一些有意义的结论：①控股股东的控制力越强，上市公司短期负债比率越高。这说明控股股东的控制力越强，其侵占中小股东及债权人利益的动机越强，增加短期债务融资能在一定程度上缓和这种代理冲突。②地区市场化程度越低，政府与市场的关系越密切，政府干预程度越强，上市公司长期债务比例越高，这与孙铮等（2005）的研究结论一致。③有关公司特征变量的回归分析结果显示：公用事业性单位更容易获得长期贷款，因此长期债务比例较高；规模越大的企业，其信息不对称程度越低，风险越低，越容易获得长期贷款；自由现金流量较多的企业，短期负债比例较高，这样可以限制管理人员滥用资金进行在职消费，提高资金使用效率；企业固定资产在总资产中所占比例越高，资产期限越长，越容易获得长期贷款；企业折旧越多，内源资金越多，企业所受的融资约束越低，因此不需要过多的长期债务融资；上市公司业绩越好，质量越高，越容易获得长期贷款；企业处于成长期时，未来经营的不确定性较高，风险较大，银行较少对企业提供长期债务融资；企业负债规模越大，长期负债比例越高，说明长期负债是企业债务资金的主要来源；公司经营风险越高，短期负债比率越高，说明债权人更倾向于对风险较低的企业提供长期资金支持。以上控制变量的回归分析结果中，经营风险、非债务税盾与成长性不具有显著性。

总结上述发现，本书所得出的基本结论是：终极控制人对上市公司债务期限结构具有重要的影响作用；在中国，政府控制与干预的制度背景导致债务期限治理效应的弱化，表现为具有政府背景的企业长期负债比率偏高。

7.2　研究启示

通过上述研究结论，我们得到以下几点启示：

第一，在中国经济转轨阶段，政府在资源配置中占主导地位。在本书的实证研究中，我们发现国有产权性质的终极控制人及行政级别较低的政府控制人所控制的上市公司长期债务的比率更高；受终极控制人产权性质及行政级别的影响，终极控制人私人收益动机与债务期限结构之间呈正相关关系。上述终极控制人的性质对企业债务期限结构的决定性影响说明，中国政府在资源配置中仍然具有重要作用，政府的制度结构是决定经济发展的关键因素，因此理解转型经济中的企业契约结构必须考虑这个特有的制度环境。

第二，非正式制度对企业的融资行为及融资结构具有重要影响。企业总是在其所处的社会结构中开展各种财务活动的，企业财务行为的发生也是各种经济制度和非经济制度、正式制度和非正式制度共同作用的结果。本书的实证研究结果显示，政府背景的企业能够获得更多的长期债务融资，说明政企关系这种非正式制度代表了企业的社会网络关系状况以及企业调度社会网络关系的能力，实质上为企业提供了一种隐性担保，能够降低债务契约的履约成本。

因为终极控制人的经济行为是嵌入于社会结构中的，受其所处的社会关系的影响和制约，所以在考虑企业的融资行为时，我们不仅要关注理性行动假设下终极控制人内在的经济动机，即价值判断对债务期限结构的影响，还要考虑外在的经济制度与非经济制度因素，即事实判断对债务期限结构的影响，更要在人的理性选择中加进非经济动机和非经济因素，尤其是社会结构因素对人的行动的影响。

第三，政府干预及对债权人法律保护的不足，导致中国债务治理机制失效。债务融资对终极控制人控制权的影响效应能够在一定程度上约束股东及企业管理人员的掏空行为，激励企业经营管理者努力工作，从而缓和股东与管理者及股东与债权人之间的利益冲突，降低代理成本，提高企业价值。但是在当前中国政府行政干预占主导地位，且有关债权人的法律法规不完善、执行不力的制度背景下，债务融资对终极控制人的激励约束作用有限，上市公司的大股东可能不会重视负债的控制效应及破产效应对他们控制权的影响，而主要考虑负债的股权非稀释效应，并利用更多的负债融资来对外部投资者进行剥削，这使得公司实际控制人既有动机又有能力借助财务安排来侵占债权人及其他中小投资者的利益。因此，如果制度环境没有明显的改善，银行强制担保或抵押以及贷款短期化的变通策略都难以有效控制企业实际控制人的道德风险。鉴于政府干预在资源配置过程中通常存在高昂的寻租成本，本书主张以制度环境的建设为基础，积极借鉴国外相关法律的成功经验，完善中国公司债权人保护等法律制度，提高执法质量和效率，这样不仅可以保障信贷资产安全和金融安全，而且可以为中国上市公司寻求合理的债务期限结构提供基础制度环境，进而促进现代企业制度的建立和完善。

第四，终极控制人的权力过大、控制关系复杂，容易引发其败德行为。中国国有企业改革及股份制改组中股权设置及股权管理的制度背景，导致了中国国有控股股东占主导地位且股权集中度高的股权结构特点，第一大股东拥有绝对控制优势，其他大股东难以与第一大股东抗衡，即使股权分置改革后，仍然没有改变控股股东的控制性地位。这在某种意义上决定了中国上市公司的实际控制人主要是国有股东，同时形成了带有政府背景的企业以大股东形式控制上市公司的局面。而且中国国有企业改组上市的背景复杂，从而导致控股股东背后的关系复杂，股东信息披露很不充分，且这种现象在多层级控股结构中终极控制人的身上表现尤为突出，这也是导致终极控制人侵占上市公司利益的一个主要原因。因此，我们应对控股股东的权力进行限制，加强对控股股东的监管，强化实际控制人的诚信责任及信息披露义务，加大对虚假信息披露、操纵市场行为、关联占用上市公司资金等行为的惩罚力度。

7.3 研究局限与未来研究方向

本书还存在以下研究局限及需要改进的地方：

其一，考虑到中国的债务资金主要来源于银行贷款，因此本书对债权人资金供给行为的分析主要是从银行的角度进行探讨，这对于主要采取其他方式（国家债券、融资租赁、商业信用等）获得债务融资的企业来说，结论可能不具有借鉴意义。因此未来的研究有必要探讨不同债权人结构对债务代理成本及企业债务融资的影响。

其二，本书从终极控制人的角度研究上市公司债务期限结构选择的问题时，假定终极控制人掌握了企业的控制权，能够左右企业的财务决策，因此终极控制人既有动机又有能力借助财务安排来实现其经济目标。实际上，很多企业的控制权掌握在企业内部管理者手中，特别是在很多国有企业中，存在行政干预下的内部人控制现象，此时内部人的动机、偏好影响着企业的债务融资决策。本书没有考虑内部人控制的情况下对终极控制人选择债务期限的影响，这也成为未来进一步研究的方向之一。

其三，本书在分析终极控制人产权性质与债务期限结构的关系时认为，由于国有企业与政府的关系更密切，因此，相对于民营企业控股的上市公司来说，其更容易得到政府的援助或隐性担保，这降低了债务契约的履约成本，使得银行更愿意为国有控股的上市公司提供长期债务融资，因此国有控股股东控制的上市公司长期负债的比率更高。实际上，很多民营企业控股的上市公司也存在密切的“政治关系”，如很多民营企业家是各级人大代表或政协委员，很多民营企业还大量聘请现任或前任的政府官员、人大代表或政协委员担任企业的董事等，这也会使这些具有良好政治关系的民营控股上市公司获得更多的债务融资和长期贷款支持。本书主要区分不同产权性质及不同行政级别的政府终极控制人来研究其与上市公司债务期限结构的关系，而没有对具有不同政治关系的民营企业与债务期限结构的关系作进一步研究，这也成为今后进一步研究的问题。

主要参考文献

［1］陈耿．上市公司融资结构：理论与实证研究［M］．北京：经济管理出版社，2007.

［2］埃格特森．经济行为与制度［M］．吴经邦，李耀，等，译．北京：商务印书馆，2004.

［3］李增泉．国家控股与公司治理的有效性［M］．北京：经济科学出版社，2005.

［4］林南．社会资本——关于社会结构与行动的理论［M］．上海：上海人民出版社，2005.

［5］林毅夫．关于制度变迁的经济学理论：诱致性变迁与强制性变迁（中文本）［M］．上海：上海三联书店，1994.

［6］林毅夫，蔡昉，李周．充分信息与国有企业改革［M］．上海：上海人民出版社，1997.

［7］林毅夫，蔡昉，李周．中国的奇迹：发展战略与经济改革［M］．上海：上海人民出版社，1999.

［8］刘峰，贺建刚．股权结构与大股东利益实现方式的选择［M］．北京：北京大学出版社，2004：141-158.

［9］涂尔干，爱弥尔．职业伦理与公民道德［M］．渠东，付得根，译．上海：上海人民出版社，2006.

［10］汪和建．经济社会学——迈向新综合［M］．北京：高等教育出版社，2006.

［11］吴晓求．股权分置改革后的中国资本市场［M］．北京：中国人民大学出版社，2006.

［12］杨兴全．上市公司融资效率问题研究［M］．北京：中国财政经济出版社，2005.

［13］张曙光．中国转轨中的制度结构与变迁［M］．北京：经

济科学出版社，2005.

［14］周黎安．中国各地区金融发展与经济增长（1997—2000）［M］．北京：清华大学出版社，2004.

［15］郑国坚，魏明海．公共治理、公司治理与大股东的内部市场［M］．北京：经济科学出版社，2007：1-21.

［16］江伟，沈艺峰．负债与大股东剥削［C］．第四届实证会计会议论文，2005.

［17］江伟，李斌．金融发展与企业债务融资［C］//王立彦．中国会计评论．北京：北京大学出版社，2006.

［18］赖建清，吴世农．我国上市公司最终控制人的现状研究［C］．第三届实证会计会议论文，2004.

［19］雷光勇，刘慧龙．控股股东性质、利益输送与盈余管理幅度——来自中国A股公司首次亏损年度的经验证据［C］．第五届实证会计会议论文，2006.

［20］李韬葵．政府控制转型过程中的国有企业所引起的成本和收益：来自中国的证据［C］．第三届实证会计会议论文，2004.

［21］李胜坤，齐寅峰．债务融资工具的选择与负债期限结构——基于问卷调查及上市公司公开数据的实证研究［C］．第五届实证会计会议论文，2006.

［22］李斌．上市公司侵占大股东利益［C］．第五届实证会计会议论文集，2006.

［23］刘启亮，李增泉，姚易伟．投资者保护、金字塔结构与控制权私利［C］．第五届实证会计会议论文，2006.

［24］罗党论，唐清泉．政治关系、社会资本与政府支持：来自中国民营上市公司的经验证据［C］．第六届实证会计会议论文，2007.

［25］罗正英，吴昊，余莹莹．企业家异质性特征、市场化程度与信贷融资决策——基于非国有控股的中小企业的检验［C］．第五届实证会计会议论文，2006.

［26］沈艺峰，刘微芳，黄娟娟等．嵌入性：企业社会资本和企业债务结构［C］．第五届实证会计会议论文，2006.

［27］田利辉．制度变迁、银企关系和扭曲的杠杆治理［C］．第三届公司治理会议论文，2006.

［28］万良勇．集团内部资本市场、产权性质与上市公司融资约束［C］．第四届实证会计会议论文，2005.

［29］肖珉，江伟．大股东控制下的资本结构决策［C］．第三届实证会计会议论文，2004.

［30］肖作平．公司治理影响债务期限结构类型吗［C］．第四届公司治理会议论文，2007.

［31］薛云奎，朱秀丽．产权安排、融资约束和信贷配给［C］．第六届实证会计会议论文，2007.

［32］余明桂，夏新平，潘红波．政治关系与银行贷款：来自我国民营上市公司的经验证据［C］．第六届实证会计会议论文，2007.

［33］张军，金煜．中国的政府支出、银行信贷与经济效率：兼论分税制为什么有助于扩大了地区经济的不平衡［C］．中国经济学年会会议论文，2005.

［34］朱松．最终控制人特征、政府控制与公司价值［C］．第四届实证会计会议论文，2005.

［35］朱滔．治理环境、政府干预与上市公司并购绩效［C］．第五届实证会计会议论文，2006.

［36］吕伟．政府分权、代理成本及企业冗员［C］．清华大学、上海财经大学博士生论坛论文讨论稿，2006.

［37］陈冬华．地方政府、公司治理与企业绩效［D］．上海：上海财经大学，2002.

［38］陈璇．上市公司政府控股形式的差异分析及其实证研究——基于业绩和经营者更换的探讨［D］．成都：电子科技大学，2006.

[39] 邓淑芳．收购人身份、层级与控制权转移[D]．北京：清华大学，2006.

[40] 董华．中国上市公司债务期限结构研究[D]．开封：河南大学，2006.

[41] 李胜楠．我国上市公司融资方式与投资行为关系研究——基于不同股权特征比较的视角[D]．天津：南开大学，2006.

[42] 邵军．企业集团内部资本市场功能及经济后果研究——基于中国企业集团的实证研究[D]．天津：南开大学，2006.

[43] 谭小平．我国上市公司债务期限结构研究[D]．广州：暨南大学，2005.

[44] 王辉．股权分置条件下非流通股东私人收益研究[D]．天津：南开大学，2006.

[45] 曾庆生．国家控股、超额雇员与公司价值[D]．上海：上海财经大学，2004.

[46] 张晓农．中国国有上市公司控制权、负债融资与公司价值研究[D]．天津：南开大学，2006.

[47] 周艺．我国负债融资治理机制的研究[D]．长沙：湖南大学，2004.

[48] 巴曙松，刘孝红，牛播坤．转型时期中国金融体系中的地方治理与银行改革的互动研究 [J]．金融研究，2005 (5)：25-37.

[49] 边燕杰，丘海雄．企业的社会资本及其功效[J]．中国社会科学，2000 (2)：87-99.

[50] 陈冬华．地方政府、公司治理与补贴收入——来自我国证券市场的经验证据[J]．财经研究，2003 (9)：15-21.

[51] 陈冬华，陈信元，万华林．国有企业中的薪酬管制与在职消费[J]．经济研究，2005 (2)：92-101.

[52] 陈晓，李静．地方政府财政行为在提升上市公司业绩中

的作用探析[J]．会计研究，2001（12）：20-28.

［53］戴璐，汤谷良．长期“双高”现象之谜：债务融资、制度环境与大股东特征的影响——基于上海科技与东盛科技的案例分析[J]．管理世界，2007（8）：129-139.

［54］邓建平，曾勇，何佳．改制模式、资金占用与公司业绩[J]．中国工业经济，2007（1）：104-112.

［55］邓建平，曾勇，何佳．利益获取：股利共享还是资金独占[J]．经济研究，2007（4）：112-123.

［56］邓建平，曾勇，李金诺．最终控制、权力制衡和公司价值研究[J]．管理工程学报，2007（3）：26-42.

［57］樊纲，王小鲁，张立文，等．中国各地区市场化相对进程报告[J]．经济研究，2003（3）：9-19.

［58］江伟，沈艺峰．大股东控制、资产替代和债权人保护[J]．财经研究，2005（12）：95-106.

［59］江伟，李斌．制度环境、国有产权与银行差别贷款[J]．金融研究，2006（11）：116-126.

［60］江伟．大股东控制对资产替代及资本结构的影响[J]．山西财经大学学报，2007（9）：68-73.

［61］孔兵．全流通市场“隧道效应”“信息披露操纵”行为与监管对策[J]．当代经济科学，2007（9）：80-86.

［62］黎凯，叶建芳．财政分权下政府干预对债务融资的影响——基于转轨经济制度背景的实证分析[J]．管理世界，2007（8）：23-34.

［63］李心合．潜入性理论与公司财务的社会嵌入性——一个关于公司财务理论的新视野与新框架[J]．会计论坛，2006，1（9）：27-35.

［64］李增泉，孙铮，王志伟．“掏空”与所有权安排——来自我国上市公司大股东资金占用的经验证据[J]．会计研究，2004（12）：3-14.

[65] 李善民，曾昭灶．控制权转移的背景与控制权转移公司的特征研究[J]．经济研究，2003（11）：54-64.

[66] 林毅夫，李志赟．政策性负担、道德风险与预算软约束[J]．经济研究，2004（2）：17-27.

[67] 刘峰，贺建刚，魏明海．控制权、业绩与利益输送[J]．管理世界，2004（8）：102-110.

[68] 刘芍佳，孙霈，刘乃全．终极产权论、股权结构及公司绩效[J]．经济研究，2003（4）：51-63.

[69] 罗党论，唐清泉．政府控制、银企关系与企业担保行为研究[J]．金融研究，2007（3）：151-161.

[70] 罗韵轩，王永海．西方资本结构理论在我国的适用性的反思——制度适用与市场博弈的视角[J]．金融研究，2007（11）：67-82.

[71] 齐寅峰，王曼舒，黄福广等．中国企业投融资行为研究——基于问卷调查结果的分析[J]．管理世界，2005（3）：94-114.

[72] 孙铮，刘凤委，李增泉．市场化程度、政府干预与企业债务期限结构[J]．经济研究，2005（5）：52-63.

[73] 孙铮，李增泉，王景斌．所有权性质、会计信息与债务契约——来自我国上市公司的经验证据[J]．管理世界，2006（10）：100-108.

[74] 谭劲松，郑国坚．产权安排、治理机制、政企关系与企业效率——以“科龙”和“美的”为例[J]．管理世界，2004（2）：104-117.

[75] 唐宗明，蒋位．中国上市公司大股东侵害度实证分析[J]．经济研究，2002（4）：44-50.

[76] 夏立军，方铁强．政府控制、治理环境与公司价值——来自中国证券市场的经验证据[J]．经济研究，2005（5）：40-51.

［77］肖作平．对中国上市公司债务期限结构影响因素的分析［J］．经济科学，2005，3：80–89.

［78］肖作平，廖理．大股东、债权人保护和公司债务期限结构选择——来自中国上市公司的经验证据［J］．管理世界，2007（10）：99–113.

［79］徐浩萍，吕长江．政府角色、所有权性质与权益资本成本［J］．会计研究，2007（6）：61–67.

［80］叶勇，胡培，何伟．上市公司终极控制权、股权结构及公司绩效［J］．管理科学，2005，4（2）：58–64.

［81］袁卫秋．债务期限结构理论综述［J］．会计研究，2004（10）：9–13.

［82］袁卫秋．上市公司债务期限结构的实证研究［J］．经济评论，2005（3）：75–80.

［83］曾亚敏，张俊生．中国上市公司股权收购动因研究［J］．世界经济，2005（2）：60–68.

［84］张春霖．从融资角度分析国有企业的治理结构改革［J］．改革，1995（3）：34–46.

［85］张晖，倪桂萍．转轨进程中国有企业改革与财政约束关系研究——补贴还是课税［J］．财经研究，2007（1）：88–100.

［86］周立．渐进转轨、国家能力与金融功能财政化［J］．财经研究，2005（2）：26–37.

［87］周立群．中国国有企业改革理论的演进与发展［J］．南开学报，1999（2）：1–8.

［88］周黎安，李宏彬，陈烨．相对绩效考核：中国地方官员晋升机制的一项经验研究［J］．经济学报，2005（1）：83–96.

［89］周业安，赵晓男．地方政府竞争模式研究——构建地方政府间良性竞争秩序的理论和政策分析［J］．管理世界，2002（12）：52–61.

［90］周业安．地方政府竞争与经济增长［J］．中国人民大学

学报，2003（1）：98-103.

［91］朱恒鹏．分权化改革、财政激励和公有制企业改制［J］．世界经济，2004（12）：14-24.

［92］朱红军，王彬，田子莘．民营化为何不能改善公司经营绩效——国光瓷业民营化的案例研究［J］．中国工业经济，2007（1）：121-128.

［93］朱凯．银行腐败与公司资本结构决策［J］．金融研究，2007（1）：28-40.

［94］BERLE A，MEANS G. The modern corporation and private property［M］. New York：Macmillan，1932.

［95］GRANOVETTER M，SWEDBERG R. The sociology of economical life［M］. Boulder，Colorado：Westview Press，1992.

［96］GROSSMAN S，HART O. Corporate financial structure and managerial incentives：the economics of information and uncertainty［M］. Chicago：University of Chicago Press，1982.

［97］HART O. Firms，contracts，and financial structure［M］. Oxford：Clarendon Press，1995.

［98］DOUGLASS C，ROBERT P. The rise of the western world：a new economic history［M］. Cambridge：Cambridge University Press，1973.

［99］DOUGLASS C. Structure and change in economic history［M］. New York：W. W. Norton，1981.

［100］DOUGLASS C. Institutions，institutional change and economic performance［M］. Cambridge：Cambridge University Press，1990.

［101］POLANYI K. Trade and market in the early empires：economies in history and theory［M］. Chicago：Henry Regnery Company，1957.

［102］POLANYI K. The economy as instituted process［M］.

Boulder, Colo. : West view Press, 1992.

[103] SCHOLES S, WOLFSON M. Taxes and business strategy: a planning approach [M]. Englewood Cliffs, NJ: Prentice-Hall, 1992.

[104] SHLEIFER A, VISHNY R. The grabbing hand: government pathologies and their cures [M]. Cambridge, MA: Harvard University Press, 1998.

[105] STIGLITZ, JOSEPH. Some theoretical aspects of the privatization: applications to eastern Europe [M]. New York: St. Martin's Press, 1993.

[106] WILLIAMSON O. Markets and hierarchies: analysis and antitrust implications [M]. New York: Free Press, 1975.

[107] WILLIAMSON O. The economic institutions of capitalism: firms, markets, relational contracting [M]. New York: Free Press, 1985.

[108] ALLEN F, CHAKRABARTI S, QIAN J. Financing firms in India [C]. World Bank Policy Research Working Paper, 2006.

[109] ALMEIDA, WOLFENZON. A Theory of pyramidal ownership and family business groups [C]. SSRN Working Paper, 2005.

[110] ATTIG, NAJAH, FISCHER, et al. On the determinants of pyramidal ownership: evidence on dilution of minority interests [C]. Working Paper, 2003.

[111] BEBCHUK, LUCIAN A. A rent-protection theory of corporate ownership and control [C]. NBER Working Paper No. 7203, 1999.

[112] BEBCHUK L, KRAAKMAN R, TRIANTIS G. Stock pyramids, cross-ownership, and dual class equity: the creation and agency costs of separating control from cash flow rights [C]. NBER

Working Paper, 2000.

[113] BERGER A, ESPINOSA-VEGA M, FRAME W, et al. Debt maturity, risk and asymmetric information [C]. SSRN Working Paper, 2004.

[114] BIANCHI, MARCELLO, BIANCO, et al. pyramidal groups and the separation between ownership and control in Italy [C]. Working Paper, 2001.

[115] DANISERVSKA P. Is debt maturity determined by asymmetric information about short-term or long-term earnings [C]. SSRN Working Paper, 2002.

[116] DATTA S, ISKANDAR-DATTA M, RAMAN K. Managerial stock ownership and the maturity structure of corporate debt [C]. SSRN Working Paper, 2005.

[117] FACCIO M, LANG L, YOUNG L. Debt and corporate governance [C]. Working Paper, Notre Dame and the University of Hong Kong in Chinese, 2001.

[118] FAN J, OLIVER M, MENGXIN Z. Rent seeking and corporate finance: evidence from corruption cases [C]. SSRN Working Paper, 2006.

[119] FAN J, WonG T, ZHANG Tianyu. The emergence of corporate pyramids in China [C]. Working Paper, 2005.

[120] JIAN M, WonG T. Earnings management and tunneling through related party transactions: evidence from Chinese corporate groups [C]. Working Paper, 2005.

[121] ZENGQUAN L, JIEPING C, JIAXI S. Motivations for consequences of political connections among public family firms: empirical evidence from China [C]. Working Paper, the Fourth International Symposium on Empirical Accounting Research, 2005.

[122] MUELLER E. Private benefits of control, capital structure

and company growth [C] . Working Paper, London School of Economics, 2003.

[123] SHIRLEY M, WALSH. Public versus private ownership: the current state of the debate [C] . SSRN Working Paper, 2001.

[124] AGHION P, BOLTON P. An incomplete contract approach to financial contracting [J] . Review of Economic Studies, 1992, 59: 473-494.

[125] ALCHIAN, ARMEN A. Some economics of property rights [J] . II Politico, 1965, 30 (4): 816-829.

[126] ALCHIAN, ARMEN A, DEMSETZ H. Production, information, costs, and economic organization [J] . The American Economic Review, 1972, 62 (5): 777-795.

[127] ALLEN F, QIAN J. Law, finance, and economic growth in China [J] . Journal of Financial Economics, 2005 (77): 57-116.

[128] ATANASOV. How much value can blockholders tunnel? Evidence from the bulgarian mass privatization auctions [J] . Journal of Financial Economics, 2005, 76 : 191-234.

[129] BAE H, KANG J, KIM J. Tunneling or valued added: evidence from mergers by Korean business groups [J] . Journal of Finance, 2002, 57 (6): 2695-2740.

[130] BAI C, YINGJUAN D, ZHIGANG T, et al. Local protectionism and regional specialization: evidence from China's industries [J] . Journal of International Economics, 2004, 63 (2): 397-417.

[131] BARCLAY M, HOLDERNESS C. Private benefits from control of public corporations [J] . Journal of Financial Economics, 1989 (25): 371-395.

[132] BARCLAY J, SMITH J. The maturity of corporate debt

[J] . Journal of Finance, 1995 (50): 609-631.

[133] BARNEA A, HAUGEN R, SENBET L. A rationale for debt maturity structure and call provisions in the agency theoretic framework [J] . Journal of Finance, 1980, (35): 1223-1234.

[134] BERGER P, OFEK E, YERMACK D. Managerial entrenchment and capital structure decisions [J] . Journal of Finane, 1997 (52): 1411-1438.

[135] BERTRAND M, MEHTA S, MULLAINATHAN. Ferreting out tunneling: an application to Indian business groups [J] . The Quarterly Journal of Economics, 2002, 117 (1): 121-148.

[136] BIAN Y, SOON A. Networks and job mobility in China and Singapore [J] . Social Forces, 1997, 75 (3): 981-1005.

[137] BOOTH, AIVAZIAN, DEMIRGUC K, et al. Capital structure in developing countries [J] . Journal of Finance, 2001 (1): 87-128.

[138] BOYCKO M, SHLEIFER A, VISHNY R. A theory of privatization [J] . The Economic Journal, 1996, 106: 309-319.

[139] BRANDT L, LI H. Bank discrimination in transition economics: ideology, information, or incentives [J] . Journal of Comparative Economics, 2003, 31: 387-413.

[140] BRICK E, RAVID A. On the relevance of debt maturity structure [J] . Journal of Finance, 1985, 40: 1423-1437.

[141] BRICK E, RAVID A. Interest rate uncertainty and the optimal debt maturity structure [J] . Journal of Financial and Quantitative Analysis, 1991, 26: 63-81.

[142] CHARUMILIND C, KALI R, WIWATTANAKANTANG Y. Connected lending: Thailand before the financial crisis [J] . Journal of Business, 2006, 79: 181-217.

[143] CHEUNG, STEVEN S. Transaction costs, risk aversion,

and the choice of contractual arrangements [J] . Journal of Law and Economics, 1969, 12 (1): 23-42.

[144] CHEUNG, STEVEN S. The contractual nanture of the firm [J] . Journal of Law and Economics, 1983, 26 (4): 1-21.

[145] CLAESSENS S, DJANKOV S, LANG H. The separation of ownership and control in east asian corporations [J] . Journal of Financial Economics, 2000 (58): 81-112.

[146] CLAESSENS S, DJANKOV S, FAN J, et al. Disentangling the incentive and entrenchment effects of large shareholdings [J] . Journal of Finance, 2002 (6): 2741-2771.

[147] COASE, RONALD H. The nature of the firm [J] . Economica, 1937 (4): 386-405.

[148] COASE, RONALD H. The problem of social cost [J] . Journal of Law and Economics, 1960, 3 (10): 1-44.

[149] CULL R, COLIN L. Who gets credit? The behavior of bureaucrats and state bank's in allocating credit to Chinese state owned enterprises [J] . Journal of Development Economics, 2003, 71: 533 -561.

[150] CULL R, XU L. Institutions, ownership and finance: the determinants of profit reinvestment among Chinese firms [J] . Journal of Financial Economics, 2005, 77: 117-146.

[151] DEMIRGUC-KUNT A, MAKSIMOVIC V. Institutions, financial markets and firm debt maturity [J] . Journal of Financial Economics, 1999, 54: 295-336.

[152] DIAMOND D. Debt maturity and liquidity risk [J] . Quarterly Journal of Economics, 1991, 60: 709-737.

[153] DIAMOND D. Seniority and maturity of debt contracts [J] . Journal of Financial Economics, 1993, 31: 341-368.

[154] DIAMOND D, RAJAN R. Banks, short-term debt and

financial crises: theory, policy implications, and applications [J] . Carnegie-Rochester Conference Series on Public Policy, 2001, 54 (1): 37-71.

[155] DINÇ I. Politicians and banks: political influences on government-owned banks in emerging markets [J] . Journal of Financial Economics, 2005, 77: 453-479.

[156] DU D. Ultimate corporate ownership structures and capital structures: evidence from east Asian economies [J] . Corporate Governance: An International Review, 2005, 13 (1): 60-71.

[157] ZINGALES D. Private benefits of control: an international comparison [J] . Journal of Finance, 2004, 59: 537-600.

[158] ELYASIANI E, GUO L, TANG L. The determinants of debt maturity at issuance: a system-based model [J] . Review of Quantitative Finance and Accounting, 2003, 19: 351-377.

[159] FACCIO M, LANG L. The ultimate ownership of western European corporations [J] . Journal of Financial Economics, 2002, 65: 365-395.

[160] FACCIO M, RONALD W, MASULIS J, et al. J. Political connections and corporate bailouts [J] . Journal of Finance, 2006, 61: 2597-2635.

[161] FACCIO M. Politically connected firms [J] . American Economic Review, 2006, 96: 369-386.

[162] FAMA E, JENSEN C. Agency problems and residual claims [J] . Journal of Law and Economics, 1983, 7: 327-49.

[163] FAN P, TITMAN S, TWITE J. An international comparison of capital structure and debt maturity choices [J] . Journal of Finance, 2007.

[164] FAN J, WONG T. Politically-connected CEOs, corporate governance and Post-IPO performance of China's newly partially

privatized firms [J]. Journal of Financial Economics, 2007, 84: 330-357.

[165] FLANNERY M. Asymmetric information and risk debt maturity structure choice [J]. Journal of Finance, 1986, 41: 18-38.

[166] FRYDMAN R, GRAY C, HESSEL M, et al. The limits of discipline: ownership and hard budget constraints in the transition economies [J]. Economics of Transition, 2000, 8 (3): 577-601.

[167] GIANNETTI M. Do better institutions mitigate agency problems? Evidence from corporate finance choices [J]. Journal of Financial and Quantitative Analysis, 2003, 38: 185-212.

[168] GRANOVETTER M. Economic action and social structure: the problem of embeddedness [J]. American Journal of Sociology, 1985, 91 (3): 481-550.

[169] GUEDES J, OPLER T. The determinants of the maturity of corporate debt issues [J]. Journal of Finance , 1996, 51: 1809-1833.

[170] HART O, MOORE J. Debt and seniority: an analysis of hard claims in constraining management [J]. American Economic Review, 1995, 85: 567-587.

[171] HART O, MOORE J. Default and renegotiation: a dynamic model of debt [J]. The Quarterly Journal of Economics, 1998, 113 (1): 1-41.

[172] HEINKEL R, ZECHNER J. The role of debt and preferred stock as a solution to adverse investment incentives [J]. Journal of Financial and Quantitative Analysis, 1990, 25 (1): 1-24.

[173] HOLLAND J. Bank lending relationships and the complex nature of bank-corporate relations [J]. Journal of Business Finance and Accounting, 1994, 21: 367-393.

[174] HOSHI T, KASHYAP A, SCHARFSTEIN D. Corporate

structure, liquidity, and investment: evidence from Japanese industrial groups [J] . Quarterly Journal of Economics, 1991, 106: 33-60.

[175] HUBBARD R, PALIA D. A reexamination of the conglomerate merger wave in the 1960s: an internal capital markets view [J] . Journal of Finance, 1999, 54: 1131 - 1152.

[176] JENSEN M, MECKLING W. Theory of the firm: managerial behavior, agency costs, and ownership structure [J] . Journal of Financial Economics, 1976, 3: 305-360.

[177] JENSEN, MICHAEL C. Agency costs of free cash flow, corporate finance, and takeovers [J] . American Economic Review, 1986, 76: 323-329.

[178] HEHUI J, YINGYI Q, WEINGAST, et at. Regional decentralization and fiscal incentives: federalisn, Chinese style [J] . Economics of Transition, 1999, 7 (1): 103-131.

[179] JOHNSON S, PORTA R, LOPEZ-DE-SILANES F, et al. Tunneling [J] . American Economic Review, 2000, 9: 22-27.

[180] KALE JR, NOE TH. Risky debt maturity choice in a sequential equilibrium [J] . Journal of Financial Research, 1990, 13: 155-165.

[181] KANE A, MARCUS A, MCDONALD L. Debt policy and the rate of return premium to leverage [J] . Journal of Financial and Quantitative Analysis, 1985, 20: 479-499.

[182] KEISTER L. Engineering growth: business group structure and firm's performance in China's transition economy [J] . The American Journal of Sociology, 1998, 9: 404-440.

[183] KHANNA T, PALEPU K. Why focused strategies may be wrong for emerging countries [J] . Harvard Business Review, 1997, 75: 41-51.

[184] KHANNA T, PALEPU K. Is group affiliation profitable in

emerging markets? An analysis of diversified Indian business groups [J] . Journal of Finance, 2000, 55 (2): 867-891.

[185] KHANNA T. Business groups and social welfare in emerging markets: existing evidence and unanswered questions [J] . European Economic Review, 2000, 44 (4): 748-761.

[186] KHWAJA A. Mian A. Do lenders favor politically connected firms? Rent provision in an emerging financial market [J] . Quarterly Journal of Economics, 2005, 120: 1371-1411.

[187] KORNAI J. The soft budget constraint [J] . Kyklos, 1986, 39 (1): 3-10.

[188] PORTA R, LOPEZ-DE-SILANES F, SHLEIFER A, et al. Legal Determinants of External Finance [J] . Journal of Finance, 1997, 52: 1131-1150.

[189] PORTA R, LOPEZ-DE-SILANES F, SHLEIFER A, et al. Law and finance [J] . Journal of Political Economy, 1998, 106: 1113-1155.

[190] PORTA R, LOPEZ-DE-SILANES F, SHLEIFER A. Corporate ownership around the world [J] . Journal of Finance, 1999, 54: 471-518.

[191] PORTAR, LOPEZ-DE-SILANES F, SHLEIFER A. Vishny R. Investor protection and corporate governance [J] . Journal of Financial Economics , 2000, 58: 3-28.

[192] PORTA R, LOPEZ-DE-SILANES F, SHLEIFER A, et al. Investor protection and corporate value [J] . Journal of Finance, 2002, 55 (7): 1147-1170.

[193] LEFF, NATHANIEL H. Industrial organization and entrepreneurship in the developing countries: the economic groups [J] . Economic Development and Cultural Change, 1978, 78: 661-674.

[194] LEFF, NATHANIEL H. Entrepreneurship and economic development: the problem revisited [J]. Journal of Economic Literature, 1979, 17: 46-64.

[195] LINS K. Equity ownership and firm value in emerging markets [J]. Journal of Financial and Quantitative Analysis, 2003, 38: 159-184.

[196] MARSH, PAUL. The choice between equityand debt: an empirical study [J]. Journal of Finance, 1982, 37: 121-144.

[197] MILLER M. Debt and taxes [J]. Journal of Finance, 1977, 32: 261-275.

[198] MILNOR J, SHAPLEY S. Values of large games II: oceanic games [J]. Mathematics of Operations Research, 1978, 3 (4): 290-307.

[199] MODIGLIANI, FRANCO, MILLER. The cost of capital, corporation finance and the theory of investment [J]. American Economic Review, 1958, 58: 261-297.

[200] MORRIS R. On corporate debt maturity strategies [J]. Journal of Finance, 1976, 31: 29-37.

[201] MYERS S. Determinants of corporate borrowing [J]. Journal of Financial Economics, 1977, 5: 147-175.

[202] MYERS S, MAJLUF S. Corporate financing and investment decisions: when firms have information inverstors do not have [J]. Journal of Financial Economics, 1984, 13: 339-373.

[203] NELLIS J. Is privatization necessary [J]. Public Policy for the Private Sector, 1994, 12: 5-24.

[204] DOUGLASS C. Transaction costs in history [J]. Journal of European Economic History, 1985.

[205] OZKAN A. An empirical analysis of corporate debt maturity structure [J]. European Financial Management, 2000, 6: 197-212.

[206] PONCET S. A fragmented China: measure and determinants of China's domestic market disintegration [J] . Review of International Economics, 2005, 13 (3): 409–430.

[207] YINGYI Q. Enterprise reform in China: agency problems and political control [J] . Economics of Transition, 1996, 4 (2): 427–48.

[208] RAJAN R. Insiders and outsiders: the choice between informed and arm's-length debt [J] . Journal of Finance, 1992, (47): 1367–1400.

[209] RAJAN R, ZINGALES L. What do we know about optimal capital structure? Some evidence from international data [J] . Journal of Finance, 1995, 50: 1421–1460.

[210] ROSS S. The determinants of financial structure: the incentive signaling approach [J] . Bell Journal of Economics, 1997, 8: 23–40.

[211] SAPIENZA P. The effect of governance ownership on bank lending [J] . Journal of Financial Economics, 2004, 72: 357–384.

[212] SARKAR S. Liquidity risk, project characteristics, and the optimal maturity of corporate debt [J] . Journal of Financial Research, 1999, 22: 353–370.

[213] SHIN, HYUN-HAN, YOUNG S. Financing constraints and internal capital markets: evidence from Korean Chaebols [J] . Journal of Corporate Finance, 1999, 54: 169–191.

[214] SHLEIFER A, VISHNY R. Large shareholders and corporate control [J] . Journal of Political Economy, 1986, 94: 461–88.

[215] SHLEIFER A, VISHNY R. Politicians and firms [J] . Quarterly Journal of Economics, 1994, 109 (4): 995–1025.

[216] SMITH C. Investment banking and the capital acquisition

process [J] . Journal of Financial Economics, 1986, 15: 3-29.

[217] STEIN C. Internal capital markets and the competition for corporate resources [J] . Journal of Finance, 1997, 52 (2): 111-133.

[218] STIGLITZ J, WEISS A. Credit rationing in markets with imperfect information [J] . American Economic Review, 1981, 71: 393-411.

[219] STOHS H, MAUER C. The determinants of corporate debt maturity structure [J] . Journal of Business , 1996, 69: 279-312.

[220] STULZ R. Managerial discretion and optimal financing policies [J] . Journal of Financial Economics, 1990, 26: 3-28.

[221] ZOU Hong, Xiao J. The financing behaviour of listed Chinese firms [J] . The British Accounting Review, 2006, 38: 239-258.

[222] ZWIEBEL J. Dynamic capital structure under managerial entrenchment [J] . The American Economic Review, 1996, 85 (5): 1197-1215.

索 引

后　记

本书是我在博士论文的基础上修订而成的。本书能够出版，首先要感谢我的导师刘志远教授。正如培根所言：“人的天赋犹如野生的花草，它们需要学问的修剪。”（《论学问》）回首论文写作的日子，导师以他特有的谦和、仁善、智慧和忍耐鼓励着我在学问的道路上步步前行。导师的循循善诱和精妙的“裁剪”艺术不仅给了我许多智慧的启发，更给了我一种对学问和真知的坚持与执著之精神。

当然，本书的出版，离不开博士论文写作和答辩时众多老师、同学、朋友、同事和家人的帮助和关照，在此一一向他们表示最诚挚的谢意！

感谢南开大学会计系的张继勋老师、周晓苏老师、程新生老师、周宝源老师、陆宇建老师等在博士学习和博士论文写作阶段给我提供的丰富的学术养料和论文修改的宝贵建议！

感谢香港中文大学的范博宏教授和黄德尊教授，他们所讲授的新颖的财务会计研究理论和方法，不仅更好地帮助我完善了论文中理论分析框架的内容，而且激发了我对枯燥的制度经济学学习的兴趣。

感谢对我的论文进行匿名评审的教授，我的博士论文能够顺利答辩，得益于他们所提出的真知灼见！

感谢北京大学王立彦教授、复旦大学吕长江教授、南开大学张继勋教授和周晓苏教授以及参加我论文答辩会的其他老师和同学们，他们所提出的诸多有价值的问题和建议，促使了本书的修改和进一步完善。

感谢导师的学术团队和我的同学在论文写过程中提出的许多有益的建议，使我受益匪浅！

感谢青岛建设银行风险部的王春玲经理、天津渤海银行风险投资部的贾斌经理！他们在百忙之中接受我的访谈，耐心向我讲述企业融资和银行贷款的实际运作及存在的问题，坚定了我完成本研究的信心。

感谢青岛理工大学王曙光院长、杨荣本院长、杨成文院长！他们对教师外出求学的不断鼓励、关心和大力支持，使我能专心于博士论文写作。尤其要感谢王曙光院长，在百忙之中亲自帮我联系博士论文出版事宜。

感谢青岛理工大学的李兵宽老师，正是由于李老师这么多年来无私的关照和帮助，我才得以取得今天的成绩！

感谢我的父母、我的姐姐这么多年来一直对我的学习、生活、工作的关照、支持和指点，点点滴滴总是收获和感动，生活因此而充满阳光和希望，从不觉得孤独和失落！感谢我的爱人乐国林博士，论文的写作也凝聚了他的耐心点拨和精致提炼！

本书能够在国内财经界享有盛誉的东北财经大学出版社出版，要特别感谢东北财经大学出版社田社长的热心帮助。同时，该书的出版离不开东北财经大学出版社的高鹏主任等为拙作所做的大量工作，在此向高鹏主任和相关老师的辛勤付出表示诚挚感谢！

在本书出版之际，我的女儿乐可伊已经两岁半了，已经能够清楚地背诵一些诗文，也会哄我们开心了，做妈妈的喜悦无以言表，感谢上帝赐予我们健康灵性的天使，也将此书献给我的宝贝！愿她能尽早领悟“其得其不难者，失之必易；惟艰难以得之者，斯能兢业守之”（《古微堂内集·学篇》）的人生真谛！

毛淑珍

2013 年 9 月于青岛